AN OVERVIEW OF BEIJING
CHINA'S ANCIENT
CAPITAL

甫玉龙 主　编
张懿奕 副主编

京名片丛书

古都北京

中国财经出版传媒集团
经济科学出版社
Economic Science Press

图书在版编目（CIP）数据

古都北京/甫玉龙主编．—北京：经济科学出版社，2018.12
（京名片丛书）
ISBN 978-7-5218-0164-4

Ⅰ.①古… Ⅱ.①甫… Ⅲ.①北京-地方史 ①文化史-北京 Ⅳ.①K291

中国版本图书馆CIP数据核字（2019）第014293号

责任编辑：白留杰　侯晓霞
责任校对：曹育伟
装帧设计：陈宇琰
责任印制：李　鹏

古都北京

甫玉龙　主　编
张懿奕　副主编

经济科学出版社出版、发行　新华书店经销
社址：北京市海淀区阜成路甲28号　邮编：100142
教材分社电话：010-88191345　营销中心电话：010-88191522
网址：www.esp.com.cn
电子邮件：houxiaoxia@esp.com.cn
天猫网店：经济科学出版社旗舰店
网址：http://jjkxcbs.tmall.com
北京鑫海金澳胶印有限公司印装
710×1000毫米　16开　15.5印张　190 000字
2019年1月第1版　2019年1月北京第1次印刷
ISBN 978-7-5218-0164-4　定价：48.00元
（图书出现印装问题，本社负责调换．电话：010-88191510）
（版权所有　侵权必究　举报热线：010-88191586
电子邮件：dbts@esp.com.cn）

丛书编委会

主　　任：甫玉龙

副 主 任：李建平

执行主任：唐帼丽

委　员（按姓氏笔画排序）

马建农　王兰顺　王　岗　王　玲

王　彬　付雅娟　包树望　朱永杰

刘　峰　李建平　李　玲　甫玉龙

张懿奕　孟　远　胡汉生　姚　安

柴俊丽　高大伟　郭　豹　唐帼丽

崔伟奇　谭烈飞

京名片丛书

序言

题为《京名片》的系列丛书，是北京化工大学国家大学生文化素质教育基地推出的北京历史文化教育书籍。这套丛书由《初识北京》《古都北京》《博物北京》《山水北京》《院落北京》等5部书籍组成，从古都的时代性和历史性、"没有围墙的北京博物馆"的大博物馆性、作为五朝古都的山水形胜之要的历史地理性以及古都北京城市立体布局的儒家礼制文化性等多个角度切入，深入反映北京历史的人文性和文化精神，反映北京历史文化的融合性和包容性特征，诠释北京历史文化的核心价值。

从北京看中华。北京历史文化的融合与包容特征是中华文化内涵的根本性和凝练性反映；中华文化的本质是融合与包容。北京在作为五朝古都的漫长历史中，每一时段，都记载下多民族之间的文化冲突、冲撞、沟通、交流直至融解、融合的过程，记载下沿两河流域（黄河与长江流域）形成的中华文化精神在民族文化对立过程中的化解冲突和对立的"仁""义"精神与智慧。融合与包容需要"仁"与"义"的支持，需要这种具有强大儒家思想力的濡养。"仁"与"义"的本质与核心价值是"为民"；自古以来，儒家倡导"为民"思想，站在庶民的立场上，以关爱天下苍生的情怀推己及人，"为天地立心，为生民立命，为往圣继绝学，为万世开太平",将民之大义视为崇高精神和崇高价值观。"崇德广业";崇高而具大智慧;融合与包容则利民族团结、天下安宁、息养苍生。中华民族在其5000年民族发展史中,蓄积了以"为民"大义为要的融合与包容的文化精神内核。

认识北京历史应当有正确的历史观。北京是五朝古都,北京的历史写满了帝王统治的历史。对当代人来说,我们想在这部都城历史中,发现儒家的"为民"思想与封建帝王政治的关系,发现封建帝王统治与庶民生存的关系。自古王为民之主,故"伊尹相汤,以王于天下"。但王有圣王和霸王之别,孟子作"王霸"辩说时,就劝说君王要做关心天下民生的圣王而不做屠戮民众的霸主。王者往也。《谷梁传》曰:"王者,仁义归往曰王,以其身有仁术,众所归往曰王。"做统治天下、爱护人民的圣王,是孔子儒家对统治者赋予的政治理想。理想终归是理想,在五朝古都的文化反映中,儒家思想成为维护封建礼制秩序的正统思想。一方面,儒家思想影响和制约了帝王政治,另一方面,也被统治者用作维护统治利益的工具。

古都北京城的中心是紫禁宫城。依照周礼制度,王城建造以宫城为核心;城市中一切城池车轨、宅邸街巷、园囿观庙等建制均以礼制规定为准。作为时代和历史的标志,古都的遗迹保留下来,宫城和帝都的城墙,城市的道路和桥梁,皇家林苑和庙宇道观,以牌楼为区划标志的巷道、街市,王朝行政的治府以及各类人居住的宅院。一座都城以它的城市功能承载着统治者的政治统治、政治抱负及其政治活动。历史上的王者,有与民为善者,也有与民对立者,其抱负不一,政治活动也大相径庭。但遗迹就是遗迹。从一座遗城的断壁残垣、废池乔木以及绵延涌流的泉渠来看,在北京古都的统治关系中,书写的不是庶民的历史,而是庶民作为被统治对象的历史。

但是北京历史依然留下了历史文化精神。面对这座布满历史遗迹的五朝古都，我们不得不叹问：紫禁城为何有如此雄浑之气？由东而至的玉河如何贯通北京的水系？九门城墙如何成为卫护北京的屏障？北海中的高耸的白塔如何成为多元文化交融的象征？这就是北京：一块旧墙砖就是一段历史，一座紫禁城的午门就是一部政治学，一条中轴线就是一部中国哲学。不论是走到北京四合院大门的抱鼓石旁，还是伫立在天安门的金水桥前，我们感受到的，不单单是这座帝都的存在，还是那些缱绻在历史遗迹之中的中国人的坚韧精神、达观态度以及和于天地的宇宙自然观；北京的砖石、草木、山水，北京的一切遗迹的存在，都仿佛让我们看到了超越于北京历史存在之上的人文思想和文化精神。

真正的北京历史是其历史人文所在。但是我们想要诠释的北京历史人文不是帝王统治下统治阶级利益和阶级压迫的人文，而是反映人民存在和人民智慧的人文。明代哲学家王阳明说："孟子云：'学问之道无他，求其放心而已矣。'非若后世广记博诵古人之言词，以为好古，而汲汲然惟求功名利达之具于其外者也。"儒家讲的是一个心和一个立场，一个人的心在哪里立场就在哪里。孔子儒家倡导以"为民"之心做"天下为公"之事，意正心诚，求"其放心"，则为从政本源。我们也想依着孔子儒家的心和立场做北京历史人文精神的发掘与传播；不为写这座帝都而写帝都，而为写帝都形成和发展过程中儒家思想和中华文化根脉的深刻影响作用，写帝都中帝王统治下的庶民生活态度和人生审美，写在儒家"为民"思想影响下为政的与民宽缓、政宽人和，写近现代历史沧桑变迁、五朝古都变换为当代中国人民做主人的中华人民共和国的首都。我们在编写立意上要贴着历史的人民性思考历史、反映历史，诠释历史人文和历史文化精神。

《京名片》系列丛书是面向社会公众的素质教育丛书。习近平总书记指出，历史文化是城市的灵魂，要像爱惜自己的生命一样保护好城市的历史文化遗产。北京是世界著名古都，丰富的历史文化遗产是一张金名片，传承保护好这份宝贵的历史文化遗产是首都的职责。北京化工大学地处首都北京，具有教育的地缘优势，我们可以利用好北京的历史文化遗产，利用好这张"金名片"，讲好北京故事，做好关于北京历史人文和文化精神传播的素质教育工作。

北京化工大学国家大学生文化素质教育基地

2019 年 1 月 1 日

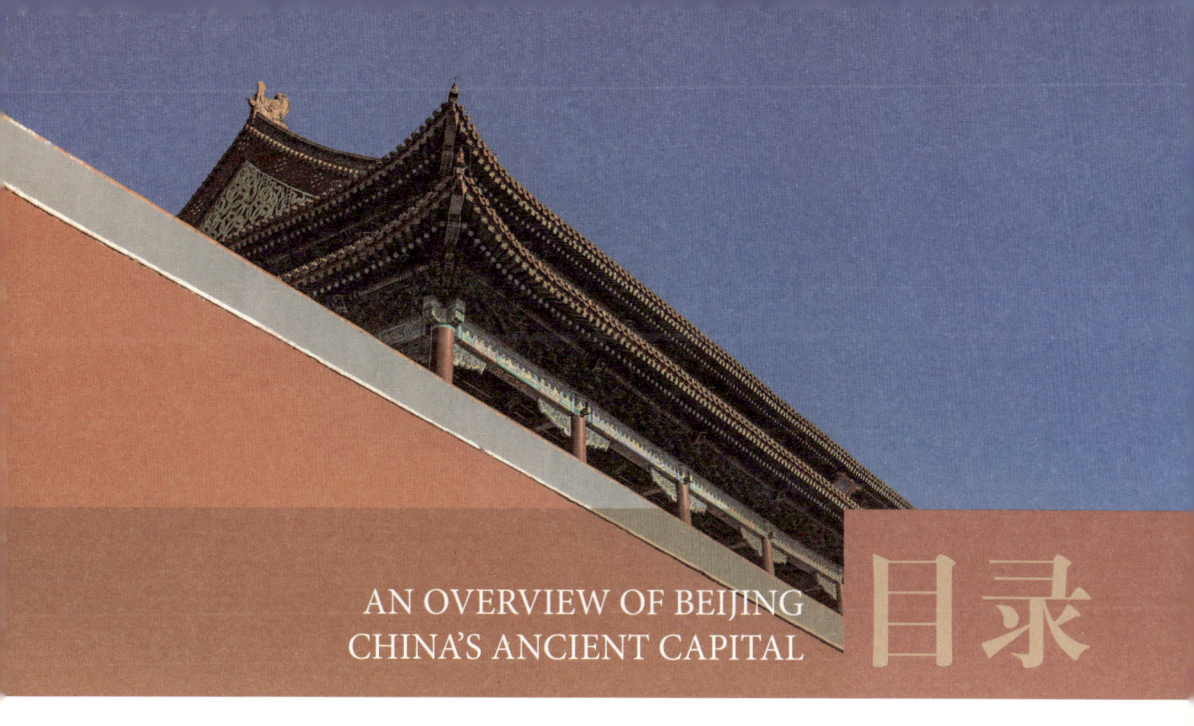

AN OVERVIEW OF BEIJING
CHINA'S ANCIENT CAPITAL

目录

235	177	135	093	051	001
后记	五都北京 / 谭烈飞	北京明十三陵之首——长陵 / 胡汉生	北京的城墙城门 / 郭豹	北京故宫 / 李建平	中华文化融合象征的北京 / 高大伟

/ 高大伟

中华文化融合象征的北京

故宫

　　北京是中华人民共和国的首都，是全国政治、文化和国际交流的中心。它拥有3000多年建城史、800多年建都史，是举世闻名的东方文化中心城市，也是中华多民族融合之都。在中华民族漫长的历史发展中，随着民族冲突不断东移，其地位的重要性日益突出。从周代的封国都城蓟到秦、汉、隋、唐时期的北方军事重镇幽州，从辽金时代的南京（燕京）、中都到元大都和明、清的北京城，北京成为中国历史上连续建都时间最长的都城之一。特别是元、明、清三代，北京作为大一统的多民族国家的都城，为最终奠定中华统一的多民族国家格局作出了突出的贡献。

一 北京在孕育中华民族的大地理格局中占据了特殊地位

中国自古就是一个多民族的国家，现有的 56 个民族中的 55 个民族（除俄罗斯族①外）及其祖先，几千年来一直共同生活在中国这片土地上，以汉民族文化为主导，共同创造了中华民族灿烂的历史与文化。在世界文明史上，很多古老的文明，如古印度

---

① 中国少数民族之一，旧称归化族。主要分布在今新疆维吾尔自治区的伊犁、塔城、阿勒泰、乌鲁木齐等地，其中以伊犁地区居多，也有一部分散居在黑龙江省和内蒙古自治区等地。人口 13500 人（1990 年），使用俄罗斯语，通用俄文。最早于 18 世纪从沙皇俄国迁来，十月革命前后，进入新疆一带者更多。中华人民共和国成立前，居住在城镇的，大多从事修理业、运输业和手工业，有的兼营农业，或专门从事园艺、饲养家畜、养蜂等业。居住在农村的，大多是数十户聚居在一起，独自成村，被称为"归化村"，多在伊犁河、特克斯河两岸垦荒种地。居住在靠近牧区的，也从事畜牧业。大多信仰东正教。中华人民共和国成立后，他们充分享受民族平等的权利，经济有所发展，生活水平也有显著的提高。参见郑天挺等：《中国历史大辞典·下卷》，上海辞书出版社 2000 年版。

文明、古希腊文明和古埃及文明都因为民族之间的战争和侵略而中断，只有中华文明几千年绵延不断，呈现出长期统一和各民族的内聚趋势。这样的现象在世界民族史上是罕见的，但却不是偶然的，这里面有其地理环境的必然因素和深厚基础。

■ 得天独厚的内向型地理环境

中国在东亚地理环境中，形似一个巨大的"四合院"，周边环绕着高山、峻岭、大漠、大海。天险虽阻隔了区域内对外的交通，却令区域内各民族之间的交往更密切。当然，这种交往不总是以和平的方式，时常伴随着战争与分裂，最后归于统一，留下分久必合的历史发展规律。

中国中原①地区是农耕文明的摇篮。从大禹铸九鼎开始，中国的中心位置就被先民称为九州，②这一地区气候温和，雨量适宜，土地肥沃，适于小麦等粮食作物生产，所以原始农耕经济最早从九州的中央开始，即从黄河与长江中下游流域发展起来，这一地区又被称为中原，它成为中华民族先民最早汇聚的中心。以中原为核心的"九州"可视为现代意义上的"中国农耕板块"。"九州"发达的农业孕育了丰富多彩的农业文明，使中原地区保持着对周

---

① 狭义的中原指今河南省一带，而广义的中原是指黄河中、下游地区。史为乐，邓自欣，朱玲玲：《中国历史地名大辞典》，中国社会科学出版社2005年版。
② 九州：传说中的中国古地理区划名。起于春秋战国，说法不一。西汉以前，都认为九州系禹治水后所划分，州名未有定说。实际上九州只是当时学者就其所知的大陆划分为九个地理区域。各家所说的州区划分亦多出入。参见郑天挺等：《中国历史大辞典·上卷》，上海辞书出版社2000年版。

边地区的经济和文化优势，成为周边族群向往和凝聚的中心。"九州"对周边民族的影响主要有三条途径：一是通过贸易与物资交换所形成的影响，如中原农业区与北部、西部牧区之间的"马绢互市"和"茶马贸易"，曾是宋代中央王朝控制游牧民族的手段；二是通过对周边少数民族聚居区屯田、开垦来影响这些地区的经济结构和生活方式，使其转向农业社会，如清代大量汉族人进入蒙地与蒙古族人共同开发农业以后，有相当数量的蒙古人改变逐水草而居的游牧生活，开始了开垦种地的定居生活；三是通过民族迁徙和人口流动来影响少数民族的经济生产和生活方式。这些方式产生的最终结果，就是费孝通阐述的：

任何一个游牧民族……落入精耕细作的农业社会里，迟早会服服帖帖地主动地融入汉族之中。[①]

广阔的蒙古高原、莽莽草原孕育了游牧民族。在蒙古高原的北方，则是东西向绵亘数千公里的萨彦岭、肯特山和雅布洛诺夫山脉，山脉以北就是寒冷的西伯利亚。在古代，西伯利亚人迹罕至，人类很难在那里生存。蒙古草原被横亘于中间的大沙漠、戈壁和阴山分割为漠南和漠北，相继是北狄、匈奴、鲜卑、突厥、回纥和蒙古等民族盘马弯弓、四处游牧的场所，他们向往长城以内的富庶与繁荣，钦慕中原的文化。自公元前 4 世纪末，匈奴在草原上建国以后的两千多年里，草原上的这些游牧民族就像涨潮的海浪一样，一波波冲向中原。

---

① 费孝通主编：《中华民族多元一体格局》，中央民族大学出版社 1999 年版。

张北草原

　　中国的东北是辽阔的东北平原与丘陵地带，它的北边横亘着外兴安岭，呈东西走向，把中国的东北与冰封千里的俄罗斯东西伯利亚经济区划分为两个区域，西有兴安岭与蒙古草原相隔，东边是浩瀚的太平洋。在这片由山海隔出的地域内，森林密布，沃野千里，北部宜于狩猎放牧，南边可以农耕。相继有东胡、肃慎（满族祖先）、乌桓、鲜卑（锡伯族祖先）、室韦（蒙古族祖先）、契丹和女真等族居住。东北与华北大平原之间，沿着渤海之滨，有一条狭长的走廊，长城东端的山海关，控扼要塞。几千年来，起源于东北的民族，有的向西越过兴安岭，进入蒙古草原，如鲜卑、室韦；但更多的则相继沿着这条走廊南下，向温暖富庶和更为辽阔肥沃的中原发展。

　　中国的西北边陲古称西域，包括今天的新疆和巴尔喀什湖以东以南的中亚地区。新疆由一系列的崇山峻岭和难以逾越的荒漠戈壁构成了南、北、西三面的天然屏障。只有东边敞开，向东北

东北雪山

可进入蒙古草原，向东南，沿河西走廊可直达甘肃、青海地区和富庶的关中平原。这里自古相继有塞人、乌孙、月氏、匈奴、突厥、回纥和蒙古准噶尔等部落居住。这些古代的部落与民族，或来自蒙古草原（匈奴、突厥、回纥、蒙古），或来自河西走廊（乌孙、月氏），他们在此定居之后，也都以东部的平原和蒙古草原为主要的交流和发展方向。葱岭以西的中亚河中地区（今乌兹别克斯坦、塔吉克斯坦和吉尔吉斯斯坦等地），是古代"丝绸之路"上重要的一环，在清代及以前的古代，曾经长期是中国的疆域。这里居住的粟特等经商务农的民族，也以蒙古草原和平原为主要外出活动的区域。

中国的西南边界，则由世界最高的一列山脉，海拔 5000 米以上的喜马拉雅山和沟深水急的横断山脉连接而成，构成了世界上最难逾越的天险屏障。在古代，这里是中国交通最不方便的区域——世界屋脊青藏高原和由千山万壑组成的云贵高原，在这片区域中自古就生活着吐蕃（藏族祖先）、门巴、羌、白、苗、傣等几十个民族。由于西南方天险屏障的阻挡和富庶中原的吸引，这些民族活动和发展的方向也都是东北方的中原。

海岸线是海洋与陆地的分界线，分为大陆海岸线和岛屿海岸线，中国大陆海岸线在中国大陆的东南，北起辽宁鸭绿江口，南达广西的北仑河口，全长 18000 多公里。[①]滔滔大海，被古代祖先们视为陆地的尽头。

中国丰富多样的内聚型地理环境，对各民族的历史面貌产生了深刻的影响。半封闭式的自然环境，造就了社会经济发展水平有明显差别的各民族及文化，如北方的游牧族，东北的狩猎族，天山以南的绿洲文化，西南藏、羌等民族半农半牧的高原文化。而连接着中国各地理区域的水、陆各道，借助日益发展的交通工具，又把各地区和民族日益紧密地联结起来。几千年来，生活于周边的少数民族，向外发展被地理环境阻隔，自然地将各种重大政治、经济和军事活动的方向，都指向物产丰富、文化发达的中原。这是内向型地理环境对于中华民族内聚力的影响。

■ 北京在中国古代军事地理格局中的独特地位

从古代军事的角度看，中国的地理格局形如一个不规范的棋盘。关中、河北、东南和四川居四角，山西、山东、湖北和汉中居四边，中原为其中央腹地。中国的地域虽然辽阔，但在历代战

[①] 河海大学"水利大辞典"编辑修订委员会：《水利大辞典》，上海辞书出版社 2015 年版。

争中起决定性作用的却是"九州"地区。从历代王朝的统一与分裂、民族的兴盛与衰亡的过程看,据四角山川险固之地者,得"山川都会"之优势,大多能成就一方霸业。但能否统一天下,取决于此地域能否兴起强大的社会政治力量。强大的社会政治力量是进取天下的社会基础,而它又与这个地域的民风、社会文化特色及其发展水平有很大关系。历史上拥有一统江山的社会政治力量多分布于中国地势的第二级阶梯和第三级阶梯上。

在分处四角的几大战略要地中,建立于关中和河北的政权都曾经完成过统一天下的大业,历史上的全国性政权也大多定都于长安(今西安)和北京;建立于东南的政权,大多能统一江南半壁江山,与北方形成对峙局面,但历史上除明朝朱元璋外却没有第二个人能统一天下;建立于四川的政权多为割据政权,没有一个政权曾统一过天下。追根溯源,从政权形成的历史条件中可寻找答案。

关中地近西戎,风俗劲勇,民皆习战;从商鞅变法开始,秦人以耕战为本,遗风流披,影响深远,形成了与东部地区完全不同的社会风尚,秦汉时期即有"关东出相,关西出将"的说法;北朝后期,鲜卑军事贵族与北方汉姓士族结合,形成了集团势力——关陇集团,是西魏、北周、隋和初唐统治的基础。

河北自战国时起一直是抗击北方游牧民族进攻的前沿重地,一方面,河北民风劲悍习战。自赵武灵王改制,胡服骑射,河北精兵就称雄天下。另一方面,河北的政权相当大一部分是由来自塞外的游牧民族所建,这些生长、生活于马背上的民族,男子都精于骑射,平时游牧驰猎,战时出征打仗,是天生的战士;而且他们久居塞内更容易接受汉族先进的文化。这样,新兴民族凭借着势不可挡的锐气、能征善战的传统和善于向先进文化学习的动力，形成了汉族军队难以匹敌的军事文化力量优势。

■ 北京成为中国首都的地区优势

纵观中国古代首都迁徙的历史过程，大致有一条从西向东、从南向北的迁移轨迹：在北宋之前，主要建都于西安、洛阳；北宋之后，主要建都于北京。而位于河南的开封和位于浙江的杭州，都具有临时与过渡意味。中国封建社会后期之所以选择北京定都，是其特殊的地理环境和特殊的历史机遇相互作用的结果。北京在中国政治地理格局中具备得天独厚、无可取代的优越条件，使其在封建社会后期逐渐居于中国各民族融合的中心地位。

在中国大地理格局中，北京位于华北平原与西北蒙古高原、东北松辽平原三大地理单元之间的过渡带。从地势落差上看，从平原向山地、高原过渡；从气候变化上看，从温暖向温凉，半湿润再向半干旱、干旱过渡。三大地理环境产生了不同的生产方式、孕育了不同的民族，形成了蒙古高原的游牧民族与游牧文化、东北森林民族与森林文化和华北平原上的汉民族与农耕文化。因此它成为南北交往、农牧交替、文化交流的要冲地带。它的地形像一个半封闭的海湾，西北是燕山山脉、西南是太行山脉、东面是渤海湾，构成了守护北京小平原的西、北、东三面天然屏障，是中原汉族政权抵御北方游牧民族南侵的军事要塞，是北方少数民族南下的前哨基地，在中华民族漫长的历史发展中，在民族斗争不断东移的形势下，其地位的重要性日益突出。

近千年来的辽、金、元、清，都是崛起于北方，当它们从长城以北地区到达北京之后，这里的自然环境无疑要比他们早期生活的地方优越。金朝天德二年（1150年）七月，有意迁都的海陵王就是借询问丞相，为什么自己种的200株莲花不能成活？引发群臣对燕京与上京（黑龙江白城）相比具有"地暖""地广土坚"的地理优势认同，从而实现了南下问鼎中原，控制淮河以北土地，迁都燕京建立金中都的政治目的。

元代在辽金的基础上建立大都，这是蒙古贵族认识到北京位于东西地势的交汇点上，又君临南方，进可以扼控全国（从历史后来的发展上看，从北京南进的军事、政治行动基本上都是成功的：蒙古铁骑的南下，燕王朱棣的南下，清兵的南下，袁世凯的南下等），退可以依托故地漠北，翻身骑马，迅速遁入故地，因此北京作为统一多民族大帝国的都城具有地利、人和的优势。

明代建都北京，是中国文明从西向东迁移变动的结果。民间流传着徐达在刘伯温的授意下以射箭定都的传说，将定都北京渲染上一层神话色彩。实际上明代迁都北京有极为深刻的社会根源，包括历史、文化、政治、军事、经济甚至个人情感等多方面因素。明开国定都南京，依靠南方发达经济，管理方便、节约成本，但蒙古势力占据漠北，随时准备南下卷土重来，如不全力守卫边疆，明朝政权将岌岌可危。所以明成祖朱棣夺取皇位后，以迁都来稳固边境，保卫政权。而北京的地缘位置恰属交通要冲，占住北京，就挟制了西北到东北、北方到南方的四条关口（这是四条生命线），北京城外有太行山、军都山、燕山，地势高峻，《读史方舆纪要》卷十《直隶方舆纪要序》记载，明代人认为"以燕京而视中原，居高负险，有建瓴之势""形胜甲天下，层山带河，有金汤之固，诚万古帝王之都"。

清朝建都北京，自是有着弹压中原、雄霸九州的胸怀和眼光，也符合退可出关的战略需要。以多尔衮为首的清廷，认为要"以图进取"，必迁北京。清王朝迁都北京是要占据这个关口从而统一全国，"以建万年不拔之业"。顺治元年（1644年）八月二十日开始，清朝大迁都，十月初十正式定都北京。

1949年，当中国新民主主义革命取得伟大胜利的时候，中国共产党和毛泽东同志代表全国人民的意志，从历史传统、国际政治和安全格局出发，决定把北京作为新中国的首都。

纵观历史可以看出，北京近千年的建都过程，在很大程度上是利用区域自然地理条件、在民族不断地融合和斗争中发展、通过国家行为巩固首都地位的过程。

二 北京城市发展史是中国统一的多民族国家的形成、发展和巩固的历史过程

北京位于中原政权与周边少数民族在东北方向的接触地带之中，其重要性不言而喻。北京的发展史就是中华民族历史发展的缩影，在中华民族融合的三个重要历史时期中发挥着重要作用。

■ 华夏——汉民族的形成与先秦时期的民族融合

中华民族的孕育时代，也是历史上第一次民族大迁徙、大融合的时代。据传说和考古发掘，炎黄时代至尧、舜、禹时期，黄河中游的炎、黄两大部落，不断地碰撞融合，结成联盟向东推进，战胜了以泰山为中心的太昊、少昊集团，建立起号令黄河流域各部落的大联盟，并击败江汉流域的苗蛮集团，成为可追溯的中国早期民族融合的核心。其中有决定意义的战役就发生在北京附近的河北涿鹿。

涿鹿之战

炎帝和黄帝被后人并称为中华民族的人文始祖，他们对促进原始农业发展，奠定华夏民族基础，肇造中华文明，作出了突出贡献。

黄帝诞辰相传是农历三月初三，生于轩辕之丘，汉代在新郑北关轩辕丘前建有轩辕故里祠。他一生下来，就聪明神灵，到了15 岁，已经无所不通。公元前 2697 年，20 岁的黄帝继承了有熊国君的王位，道家把这一年作为道历元年。在黄帝成为氏族首领之后，有熊氏的势力得到迅速发展，并形成一个独立的黄帝部落。

此时正是炎帝神农氏管治后期，中原各部族互相攻伐，战乱不休。黄帝便乘时而起，打败不同的部族，收服了很多部落。于是在黄河中下游地区，形成炎帝、黄帝、蚩尤三人鼎足而立的局面。黄帝居中；炎帝在西方，居太行山以西；蚩尤是九黎君主，居东方，在山东一带。炎帝与蚩尤为争夺黄河下游地区发生战争，炎帝失败，向黄帝求救。黄帝与炎帝合兵，在三年中与蚩尤打了九仗，都未能获胜。最后黄帝集结力量在涿鹿与蚩尤决战，战斗十分激烈。在大将风后、力牧的辅佐下，黄帝终于擒杀蚩尤，获得胜利，统一了中原各部落，并建都在涿鹿（今在河北还有黄帝城遗址）。战后，黄帝率兵进入九黎地区，随即在泰山之巅，会合天下诸部落，举行了隆重的封禅仪式，告祭天地。突然，天上显现大螾大蝼，色尚黄，于是他以土德称王，土色为黄，故称作黄帝。涿鹿战争之后，黄帝统一天下，使华夏进入了一个新的历史时期，特别是对今天的汉族来说，则更具有开天辟地的意义。根据 2010 年第六次全国人口普查数据显示，汉族目前占全国人口的 91.51%，占世界人口约 1/4，这不能不说与华夏族的始祖炎帝和黄帝的功绩有一定关系。

秦开却胡

　　周武王克商伐纣成功后，在北京地界分封了蓟、燕两个诸侯，蓟国国君就是黄帝的后裔，建都蓟城，城址就在今北京市区的西南隅，经考证在今西城区以广安门为中心的周围一带。此处是南北交通要冲，是赴东北松辽平原和去西北内蒙古高原的交通枢纽，在战略位置上是北京的重要腹地。燕国的政治、军事力量，在西周时期不断发展，逐渐扫平了燕山南北的割据势力，包括吞并了北部的蓟国和东部的孤竹等国，发展成为"战国七雄"之一。为了控制要冲，大约在西周末或春秋早期，燕国废弃了位于燕郊琉璃河的中都，把国都迁到了蓟城。燕国传位共44世，历820余年，在当时是各封国中历史最长的一个强国。随着燕国的强盛，出现了北方、东北方与中原各族融汇交流的局面。这期间曾有一次大规模的成功扩张行动，为中华民族的发展作出了巨大贡献，这便是秦开却东胡取辽东的战功。

　　燕国的东北方是游牧区，区内东胡人过着游牧生活，没有多少粮食可以果腹，更没有中原精细的衣饰可以考究，他们有的只是一望无际的白云和地上奔走无常的牛羊。为了生存，他们经常南下，骚扰燕地边城，横行乡里，烧杀抢掠。燕国为稳定边疆，就把身为皇亲贵族的秦开作为人质送到东胡。一次贩马途中，蓄谋已久的秦开脱离了队伍，跑回了燕国。回国后，秦开被任命为大将，训练兵士。燕国此时的国君是燕昭王，他励精图治，使燕国国力逐渐强盛，也坚定了他彻底平定边患的决心。燕昭王委任对东胡情况十分熟悉的秦开为主将，征伐东胡。公元前283年，秦开率军迎战东胡，燕军自西向东，由妫水流域（今延庆境内）向密云地区的渔水（今白河）、鲍丘水（今潮河）流域推进，一路斩关夺隘，马踏平川，乘胜追击，一鼓作气向东北追歼东胡，兵至千余里外的今西辽河上游。为巩固燕北边地，秦开效法赵国，动员军民修筑了长达两千多公里的燕国北长城。后来，燕又在广袤的新领土上陆续设立了渔阳、右北平、辽西、辽东诸郡，将农耕文明向东北方向推进了一大步，为后来的民族文化融合发展奠定了基础。

■ 秦王朝建立统一的中央集权制国家

从国家大一统的发展历史过程看，历代中央政权的统治者都必须慎重处理民族关系。从秦汉到隋唐的这一时期，民族矛盾格局发生了变化，由原来的中央对周边转变为主要集中在南北方向上，即汉族的中央政权与北方少数民族的矛盾斗争上。修建万里长城就是一个很好的证明。北京位于长城一线，是中央政权抵御北方少数民族南侵、进入中原的前哨阵地。同时，北京也是中央政权与北方各民族进行交往、融合的枢纽之一，是重要的边贸中心。到了宋辽金时代，中国政局再次发生巨大变化，形成了北宋与辽、夏，南宋与金的南北对峙局面。民族矛盾演变为南方汉族政权与北方少数民族政权之间的对立。这一时期，北京的战略地位再次凸显。

长城在中华民族的发展过程中起着重要的作用，将长城比作"中华民族精神的缩影和文明象征"实不为过。

万里长城是世界建筑奇迹之一。它东、西、南、北纵横交错

万里长城

绵延起伏于中国辽阔的土地上。东西相距长达5000多公里，因此被称为万里长城，被联合国教科文组织列入《世界遗产名录》。在古代交通运输工具落后的情况下，修建如此巨大的工程，实在是一件了不起的事。它的墙体不是简单的夯土堆砌，而是由整齐的条石和结实的青砖砌筑。曾有人计算，如果把明长城所用的砖、石和土方，筑成一道2米厚、4米高的围墙，可以绕地球一周。不用说烧制这些砖石，就是把它们通过崎岖的山间小路送到修建工地，已经是一项十分庞大的工程。因此，看过长城的人莫不为先民的伟大气魄和坚毅精神所感动。

　　万里长城是中国古代民族关系发展的产物，一部长城史，也是一部中华民族文明史。万里长城是公元前7世纪开始修建的。当时，燕、赵、秦三个诸侯国的北方，与少数民族中以游牧为主的匈奴族、东胡族为邻，为了防御游牧民族的骚扰，三国各自都在它们的边界修筑了长城。到了公元前3世纪,秦始皇统一了中国,把一段段的长城连接起来,成了现在万里长城的基础。后来经过历代增建,到明朝,形成了现今万里长城的规模。它的最初功能虽然是军事防御,但实际上构筑起了雄峙中国北方大地的宽阔的长城经济文化带。

中国特殊的地理环境和气候特点,构成了中国大陆古代农、牧两大经济、文化类型。长城带横贯今辽宁、内蒙古、宁夏、甘肃、陕西、山西、河南、河北、北京、天津、山东、吉林、黑龙江、青海、新疆等省(自治区、直辖市)的一部分地区,也包括历史时期处于今蒙古人民共和国和朝鲜半岛的若干地区。其范围南北宽数百公里乃至上千公里,东西长数千公里。经济上以旱作农业为基础,以畜牧业为重要补充,两种经济相互依存,共同发展,构成了一个完整独立的经济体系。文化上以农耕文化为主导,农、牧两种文化相互渗透和吸收,并不断汇聚与辐射。长城就坐落在这两个经济、文化腹心的自然交汇处,既将两种经济、文化区别,又将两种经济、文化相连。在历史长河中,长城带的古代民族,有的消失了,有的却在融合中获得新生,它们都与当今分布在长城带的20多个民族有着密切的渊源。长城见证了中国人民在这块土地上团结一致、拼搏进取,抒写奇迹与辉煌的历史。

长城绵延万里,北京境内有长城500多公里,比较著名的有八达岭长城、金山岭长城、司马台长城、慕田峪长城、居庸关长城和箭扣长城等。因为是守卫京畿的重要门户,所以这段长城修建得特别坚固。长城由关隘、城墙、城台和烽火台四部分组成。八达岭是具有代表性的一段,是长城的高峰,海拔1000多米。城墙平均高7.8米,最高达14米,城墙的外侧一般都选建在陡峭的山崖上，以增加攻城的困难。每隔不远，就有一座拱门，称"券门"，守城士兵由此上下。城墙顶宽达5.8米，可容五马并骑。城台是每隔300~500米的一组高出墙顶的方形建筑，是巡逻放哨的地方。烽火台专门传递军情，规定举一烟鸣一炮表示来敌100人左右；举二烟鸣二炮，表示来敌500人左右；来敌1000人以上举三烟鸣三炮……如此传递，千里之外的敌情可以在几个小时之内使朝廷了解。

■ 北京作为中国都城的开始——辽南京

北京作为中国都城的历史始于辽南京，建立辽的契丹源于鲜卑。它是在东灭渤海国，频繁征伐回鹘、新罗、吐蕃、党项、室韦、沙陀、乌古等民族和不断向南扩张而逐渐发展起来的。契丹的本意是"镔铁"，意为坚固。这是一个剽悍勇猛的民族。公元916年，部落首领耶律阿保机统一了契丹各部，建立了契丹国，公元947年改国号为大辽。大辽王朝最强盛时期，曾经雄霸中国半壁江山，疆域北到外兴安岭、贝加尔湖一线，东临库页岛，西跨阿尔泰山，南抵河北和山西北部。

大辽王朝在中国北部持续存在了两百多年，与宋朝形成南北对峙的格局。在中国，几乎家喻户晓的《杨家将》，讲的就是一千多年前，宋朝军队在杨家将率领下与强大的契丹军队激战沙场的故事。

契丹民族不但创造了强大的军事王国，而且创造了灿烂的文化。随着向南发展，辽政权下的汉人日益增多，在与中原的冲突和交融之中，最终形成了以汉文化为核心、兼具契丹民族特色的辽文化，以辽寺和辽塔为代表。至今在黄河以北地区保存下来的古佛寺和佛塔，有的始建于辽代，有的在辽代翻修过。它们巍峨雄伟，历经千年风雨依然坚固挺拔。尤其是山西省应县的释迦塔，是全世界现存最高最古老的木结构塔式建筑，历经多次地震而不毁。不难看出，契丹这个马背上的剽悍民族，确实在中国北方开创过一派繁华的时代。

但最终灭掉大辽的不是宋朝的汉人，却是曾经归附于契丹的女真人。在中国历史上，改朝换代不足为怪，但出人意料的是，辽灭亡后整个契丹文化也随之消亡，到了明代以后契丹人也销声匿迹了。时至今日，在中国56个民族中，没有当年响当当的契丹族。那么契丹人去哪里了呢？史学界推测大致有三种可能：一是与其他民族融合在一起，契丹人渐渐忘记了自己的族源；二是西辽灭亡后，契丹人西迁到伊朗克尔曼地区，被完全伊斯兰化；三是参加金、蒙战争，随蒙古军队东征西讨时，散落到了全国各地。

就在人们寻找契丹人蛛丝马迹的时候，生活在大兴安岭、嫩江和呼伦贝尔草原交汇处的达斡尔人，引起了专家们的注意。

当地传说，几百年前，一支契丹军队曾到此修筑边堡，从此便定居下来。这支军队的首领叫萨吉尔迪汉，就是达斡尔人的祖先。学者通过比较研究契丹族和达斡尔族的生产、生活、习俗、宗教、语言、历史等，找到了大量证据表明，达斡尔人是继承契丹人传统最多的民族。但这些只是间接的证据，无法给出定论。

与此同时，在云南施甸县，发现了一个仍在先祖的牌位上使用契丹文字的特殊族群，统称"本人"。在"本人"宗祠里，人们发现了一块上面篆刻着"耶律"二字的牌位。"本人"说，这是为了纪念他们的先祖阿苏鲁，并表明他们的契丹后裔身份。历史上确有记载，阿苏鲁是投靠蒙古的契丹后裔，他的先祖曾参加西南平叛战争。但如何证明这些"本人"就是阿苏鲁的后代呢？于是专家们决定利用DNA技术揭开这千古之谜。通过取样比较，专家们得出了准确的结论：达斡尔族与契丹有最近的遗传关系，为契丹人后裔；而云南"本人"与达斡尔族有相似的父系起源，很可能是蒙古军队中契丹官兵的后裔。

结合史料，历史学家们终于找到了契丹族的下落：元代蒙古人建立横跨欧亚大陆的蒙古帝国时，频繁征兵，能征善战的契丹族人被征召殆尽。他们随部队分散到各地，有的保持较大的族群，如达斡尔族，作为民族续存保留下来；有的则被当地人同化了，作为"分子意义上的后裔"零星分布在各地。从中华民族融合的角度看，契丹人并没有消失，因为契丹人已融入中华民族的血液里；契丹文化也没有消亡，而是成为中华文明的一部分。

■ 清帝安抚蒙藏民族的智慧

清代是中华民族迅速发展的一个重要历史阶段。尤其是乾隆皇帝统治时期，国力强盛，版图辽阔，四海臣服，我国多民族的统一达到了高峰。1644年满族入关时，满洲八旗全民族才32万人，军队不足17万人，到乾隆十一年（1746年）时满族也才刚刚达到百万之众。满族以少数民族入主上亿人口的中原，不能不说是民族认同的一个历史奇迹。那么清中央政权何以有如此强烈的凝聚力？这与清代皇帝开明的民族政策有着密不可分的关系。

中国历史是一部民族大融合的历史。这种融合，或通过战争，或通过联姻，或通过边贸互市等多种形式实现。在融合过程中，形成了中华民族所特有的凝聚力。到了清代，清统治者顺应历史潮流，又把它向前推进了一步。满族入主中原后，很快接受并吸收了汉族先进的文化而进入先进民族的行列。在它统治下的广大中原地区，经济、文化高度发达，对相对落后的少数民族形成了强大的吸引力。在此基础上，清朝统治者又采取了"压服与怀柔"并重的统治策略，对边疆少数民族采取的政策是"修其教不易其俗，齐其政不易其宜"。也就是保持各民族的风俗习惯、生活方式、宗教信仰，根据各地不同的情况，采取不同措施，加强统治和管理。

清代在推崇和利用喇嘛教方面，吸收了元代的统治经验，把喇嘛教作为维系多民族国家统一的特殊手段，加以倡导。早在元朝，藏传佛教即喇嘛教在蒙古族中开始广泛流行，历经明代到康熙晚期，信奉喇嘛教几乎成为时尚，他们对活佛顶礼膜拜，"外藩蒙古惟喇嘛之言是听"。[①] 仔细考察，清帝鼓励蒙古人信奉喇嘛教，具有非常现实的政治目的，乾隆皇帝在《喇嘛说》中直言不讳地表达：

兴黄教所以安诸蒙古，所系非小，故不可不保护之。

清代定都北京以后，为进一步团结蒙古、西藏地区的少数民族，加强对边疆地区的管理，尊重蒙、藏民族信奉佛教的习俗，广修寺庙，弘扬佛法，对百姓产生了很大的影响。顺治皇帝为迎接五世达赖来京，特在北京城市中心的最高点建筑白塔，以象征清王朝对佛教信仰的尊崇。清代在京畿地区建了大量的藏传佛教

[①] 乾隆：《乾隆御笔喇嘛说》，中国民族摄影艺术出版社1998年版。

寺庙，如雍和宫、西黄寺、颐和园的须弥灵境、香山的昭庙等，就是其中的代表。康乾年间，清政府为进一步巩固北部边防，密切与蒙藏等众少数民族上层人物的往来，增强边疆地区对中央的向心力，投入巨大的财力、物力、人力，在承德避暑山庄东北部山麓陆续修建了12座金碧辉煌的皇家寺庙。在这些寺庙中，有仿西藏最古老的寺庙——西藏山南地区桑耶寺修建的普宁寺；有仿喇嘛教中心西藏布达拉宫修建的普陀宗乘之庙；有仿扎什伦布寺修建的须弥福寿之庙（班禅行宫）；还有仿新疆伊犁河畔固尔扎庙修建的安远庙等。据《清朝内务府奏销档》记载，乾隆皇帝亲自参与寺庙建造安排，从工程设计到材料准备，均有指示，更不用说工程耗费惊人。乾隆帝深知一庙之功效"胜抵十万兵"，更懂得"敬一人而使万人悦"的道理，礼遇班禅就是最突出的例证。

乾隆四十五年（1780年）正值乾隆皇帝七十大寿，六世班禅不远万里"不因招致，出于喇嘛自愿来京"，为皇帝祝寿。乾隆非常高兴,认为这是清朝吉祥盛世的象征。因此动用人力、物力、财力，为班禅的到来做周密的准备。仅用一年的时间，在班禅到承德之前已为他修建了驻锡讲经的须弥福寿之庙，其中妙高庄严殿和吉祥法喜殿就耗用上等金叶共15429两8钱5分4厘。为了迎接六世班禅，乾隆用一年的时间学习藏语，以备晤谈；破宫中惯例，用金顶黄轿将六世班禅抬进丽正门，到澹泊敬诚殿方下轿；礼毕，乾隆又导引班禅到后宫各佛堂瞻拜，并亲自送出帕云门。之后乾隆又三次临须弥福寿之庙拈香，在万树园赐宴，在清音阁大戏楼看戏。甚至尊祖制赴木兰秋狝的大事，乾隆也暂且停止而礼遇班禅，何以如此？乾隆认为"予之所以为此者，非惟阐扬黄教"，而主要是"绥靖荒服，柔怀远人"。礼遇班禅，是因为"今之班禅额尔德尼喇嘛，实达赖喇嘛之师也"。蒙藏诸部都视六世班禅为精神领袖，所以对于班禅的到来，"各蒙古王公台吉及喀尔喀、卫拉特一闻其来，无不欢欣鼓舞，欲执役供养。"乾隆此番把班禅活佛举到如此高的地位，对蒙藏民族有巨大号召力，通过活佛的宣教，这种号召力又转化为对清中央政权的凝聚力和向心力，这是皇权统治实现不了的，也是他期盼已久的。既然班禅都远道而来朝见皇帝，那么崇信喇嘛教的蒙古诸部对清帝更是"谨守国典，罔敢陨越"了。

乾隆还顺应喇嘛教"佛菩萨"转世的传统，进一步提升皇权的权威性。他在避暑山庄永佑寺碑文里写道，其祖父康熙是"以无量寿佛示现"。乾隆四十年（1775年）殊像寺落成，其宝相阁里一文殊菩萨像，高1.6米，传说是仿乾隆皇帝塑造，乾隆也借机称自己是文殊转世。该寺会乘殿内现存乾隆帝一首御制诗匾云：

殊像亦非像，堂堂如是乎……法尔现童子，巍然大丈夫。丹书过情颂，岂笑真是吾。

皇权被"绕上一圈神圣的灵光"，令喇嘛教的首领信服。

清政府设有专门管理活佛的衙门——理藩院喇嘛印务处。诸蒙古喇嘛，每年都要轮班到北京、承德朝见皇帝，皇帝去围场打猎，另有"围班"。如到值班时，因故不来者，必须报请盟长，盟长核实后报理藩院批准；无故旷班，且屡年不来者，将其胡图克图喇嘛名号革除，并罚盟长扎萨克等失察。这些喇嘛每年要到承德为乾隆帝祈祷诵经（乾隆帝生日是八月十三日）。这样承德外八庙就成为继布达拉宫之后的又一个喇嘛教中心，避暑山庄、外八庙则成为"圣之圣地"。乾隆把喇嘛教作为笼络蒙藏民族人心的"神圣光圈",套住了那些有民族主义倾向的上层分子,又将神权牢牢地控制在皇权之下,从而巩固了多民族统一的中央政权。

余秋雨先生曾经赞叹:

> 清朝皇帝把复杂的政治目的和军事意义,转化成为一片幽静的园林,一圈香火缭绕的寺庙……①

---

① 余秋雨:《山居笔记·一个王朝的诞生》,中信出版社1998年版。

三 北京城市建设体现了中华民族融合统一的发展特征

北京作为世界著名的古都，从元大都到明、清北京城，是游牧民族、农耕民族和渔猎民族等各民族在相互学习和借鉴的过程中，共同建设的世界城市史上的经典之作。北京城融汇了中国各民族悠久的文化传统，凝聚了中国辉煌的建筑文化艺术，体现出古代东方最完美城市的文明成果，其基础来自元大都的城建规划。

中统元年（1260年），元世祖忽必烈采用汉法，将政治中心从漠北高原南移到燕京即今天的北京，至元四年（1267年）兴建大都。元世祖忽必烈任命汉人刘秉忠为总设计师规划大都城。刘秉忠在继承中原传统城建规划文化的基础上，不断融入游牧文化的生活传统，规划建设出了体现农耕与游牧二元文化特色的元大都。

■ 从农耕文化角度看，元大都的总体城建规划以中国传统文化为主体，体现着中国古代都城规划的原则

遵循着《周礼·考工记》"匠人营国"的原则

据《元史·地理志》记载：大都城"城方六十里"。坐北朝南，呈一规整的长方形形状。其总体模式，严格遵循了《周礼·考工记》所说的"匠人营国"的传统规制，这一规划思想的特点是，城市呈方形，它体现的是我国古代"天圆地方"和"井田圣制"的理念。周制每一农夫授田一百亩，占地方百步，这块地的面积便称为一"夫"。"九夫为井"，方一里。城市"方九里"即相当于井田的九井。"市朝一夫"则是直接使用了井田制的计量单位。它说明"匠人营国"的王城规划完全采用了井田制的方格网系统，是以"夫"为基本网格，"井"为基本组合网格，经纬涂（阡陌）为坐标，中经中纬为轴心的城市规划方法。"君人南面以治天下"，帝王坐北朝南治理天下万民，居于天下之正位。因此在都城建设中，也强调"惟王建国，辨方正位。"大都城基本上符合"匠人营国，方九里"的原则，虽然南北略长，但基本上是一个方正的都城，其宫城处于全城的中心，外为皇城，再外为都城，体现的正是皇帝居于天下的正位——南面而治天下；城内东西南北各有9条大街，也符合"国中九经九纬，经涂九轨"的说法；太庙位于齐化门（今朝阳门）内，社稷坛位于平则门（今阜成门）内，一东一西，一左一右，体现了《考工记》"左祖右社"的原则；朝廷及官署在南，市场则集中在积水潭北岸的日中坊，体现的正是"面朝后市""日中而市"的原则。从总体上看，元大都的设计规划应该

说是《周礼·考工记》"匠人营国"城建规划的具体落实，在中国的七大古都中保存至今的这种都城规划应该说是绝无仅有的。

实践着《周易》"象天设都"的理念

"天人合一""天人感应"思想占据中国封建社会的统治地位，"象天法地"即依天象和地理方位营建国都。古人认为，天界以北极帝星为中心，分为三垣、四象、二十八宿。三垣即上垣太微垣、中垣紫微垣、下垣天市垣。太微垣是天帝的南宫，在北斗之南，以五帝座为中枢，呈屏藩状，紫微垣在北斗之北，有藩星15颗，以北极为中枢，分东西两行排列。北极五星中最亮的一颗为天皇大帝，故紫微垣即天帝所居，俗称紫宫，天市垣共22星，东西各11星，乃天帝聚众贸易之所。四象又称四宫，即东宫青龙、西宫白虎、南宫朱雀、北宫玄武。四宫各七星，共二十八宿。它们异向同心，类似天帝的藩屏。同时，古人认为"天圆地方"，地上则分东西南北中"五方"。为使国家长治久安，定都建殿既要考虑天象，又要考虑方位，这就是都城规划中的"象天法地"原则。

元大都和明清时北京城的规划和皇宫的建筑设计都蕴含着象天法地、敬天法祖的传统文化内涵。元明清的皇宫都坐落于北京城的中心，象征的正是三垣中的中垣——紫微垣高居中天，永恒不变，体现帝王的至尊、皇权的至重；中垣受众星躬围，皇宫受天下朝贡，体现的是万众所归，人心所向；皇城之内旧有积水潭，皇宫附近有北海、中海、南海，则取象于紫微宫后的天河银汉；三海之上建有琼华岛、广寒殿，又有瀛洲、太液池之称，象征着神话传说中的东海三神山——蓬莱、方壶、瀛洲；紫禁城中内廷

北京城市规划图

三宫乾清宫、交泰殿、坤宁宫正应三垣之数，东西六宫象征周围的 12 颗星辰；紫禁城中的乾清宫为皇帝所居，此地位于宫城之中，又属禁地，即禁止平民接近，故而称为禁中、禁内或禁城，这就是紫禁城的来历；而天市垣在紫微垣之北，因此元代建城时市场设在紫禁城北面的"日中坊"，体现的正是"前朝后市""日中而市"的原则。①

■ 草原文化与农耕文化融合的元大都宫殿

大明殿

大明殿是元大都皇帝宫城中的主要殿堂，相当于现在紫禁城中的太和殿。马可·波罗第一次见到这座东方宫殿时，就被它的雄伟和神奇所震撼，连叹奇观，赞誉道"此宫壮丽富赡，世人布置之良，诚无逾于此者。"为此，他在《马可·波罗行纪》中做了详尽的描述：

此宫之大，向所未见。宫上无楼，建于平地。惟台基高于地面十掌、宫顶甚高，宫墙及房壁满涂金银，并绘龙、兽、鸟、骑士形像及其他数物于其上。屋顶之天花板，亦除金银及绘画外别无他物。大殿宽广，足容六千人聚食而有余，房屋之多，可谓奇观……顶上之瓦，皆红黄绿蓝及其他诸色。上涂以釉，光泽灿烂，犹如水晶，致使远处亦见此宫光辉。应知其顶坚固，可以

---

① 朱耀廷：《马可·波罗行纪》中的元大都——农业文化与草原文化结合的产物，载于《北京联合大学学报（人文社会科学版）》，2009 年第 7 卷第 2 期。

久存不坏……

根据这些珍贵的描述，可以看出大明殿是草原文化与中原农耕文化高度融合的成果。

第一，它仿照蒙古建筑制式，将大明殿建成一座固定的大帐殿，作为登极、正旦、寿节、会朝之正衙。第二，它继承了汉族的传统，绕置龙凤的石栏。大明殿四面绕以周庑，共120间，南北狭长，略呈长方形，四隅有角楼。东西庑中间偏南各建有钟楼和鼓楼。"凡诸宫殿乘舆所临御者"，皆"丹楹金饰，龙绕其上，四面朱琐窗，藻井间金绘眦"。[①]第三，殿内装饰及布局则延用蒙古族的传统：殿中除陈设七宝云龙御榻外，还设有皇后的座位，两旁则诸王、百僚、怯薛官侍宴坐床重列，饰以富于蒙古族"毡帐"的色彩，壁毯、地毡被广泛使用。入门处有一木质银里漆瓮，高1.7丈，可贮酒50石，旁置雕像酒桌。又有玉编磬、玉笙、玉箜篌及巨笙等乐器。第四，在丹墀之前，特意从蒙古草原引种一种青草，元世祖将它命名为"誓俭草"，教育后世子孙勿忘创业艰难，勿忘草原民族的勤俭之德。除此之外，宫中的鹿顶殿、棕毛殿、二十脚吾殿等，则代表了其他少数民族的风格。

御苑

今天景山一带曾是元代的皇家御苑。一般来讲，中原民族的皇家宫苑都是山水庭院，但元代的宫廷御苑则创造了微缩的草原风光。《马可·波罗行纪》记载：

[①] ［元］陶宗仪：《南村辍耕录：第1卷》，中华书局1959年版。

> 有一极美草原，中植种种美丽果树。不少兽类，若鹿、獐、山羊、松鼠，繁殖其中。带麝之兽为数不少，其形甚美，而种类甚多，所以除往来行人所经之道外，别无余地。

蒙古帝王贵族及其将士从辽阔的草原进入层层高墙环绕、重重大门关闭的城市，难免会产生思乡怀旧之情。在皇宫的高墙重门中开辟出一片绿草铺地、树木成荫、麋鹿、山羊自由穿行其间的微缩草原场景，自然也可以缓解一下草原人的愁思；而对于生活在中原的大臣来说，自然也算得上一种耳目一新的享受。

立三宫

　　游牧民族有"逐水草而居"的生活习惯，元大都的城市选址没有选择金中都的旧址，而是选择中都东郊外的大宁宫一带，以太液池（今北海）为核心兴筑宫城和都城。将高粱河上的白莲潭一带湖泊纳入大都城的总体规划之中，把三组宫殿环列在湖泊东西两岸，并将这片湖泊作为整个城市中心的依托。太液池东岸是皇宫大内，西岸是太子宫和兴圣宫。太子宫的主要宫殿是光天殿。它本是忽必烈为其太子真金修建的宫殿，后来真金英年早逝，主要由太子妃阔阔真居住。元成宗继位后将太子宫改名为隆福宫，从此成为皇太后居住之所。其北面即兴圣宫，主要宫殿即兴圣殿。在兴圣宫内建有专门收藏文物图书的奎章阁，元顺帝时改为端本堂，作为皇太子读书的地方。宫城、隆福宫、兴圣宫同为元朝皇城的三座宫殿之一，从而形成了"三宫鼎峙一湖"的皇城局面。

　　此时的太液池也由离宫别馆改建为一座规模巨大的皇家园林，地位得到了空前的提高。湖中建有仿"一池三山"的三座神

北海

仙岛屿，其中最大的一座岛屿就是今天北海公园中的琼华岛，岛上的万寿山一峰突起，树木苍翠。马可·波罗介绍说：

> 世界最美之树皆聚于此。君主并命人以琉璃矿石满盖此山。其色甚碧，由是不特树绿，其山亦绿，竟成一色。故人称此山曰绿山。

万寿山是用玲珑的太湖石堆叠积而成的，峰峦隐映，古树参天，奇兽珍禽出没其间，已形成一片自然的面貌。因叠石而形成的山洞绵延不绝，婉转相通，登山的小径忽隐忽现，直达山顶。山顶建有重檐七间的广寒殿一座，殿中有小玉殿，内置金嵌玉龙之御榻，忽必烈常在殿内接见外国使节，举行重大典礼，广寒殿一时成为全国政治中心。因此这片湖面也成为蒙古帝王理想的"寓政于乐"之所。

多民族文化建筑与匠师

蒙古民族历史上没有建设城市的传统，因此建设元大都城是一次学习、融汇和创造的过程，在这一点上，元代统治者对各民族人才的任用是十分成功的。蒙古统治者把人视为流动的文化载体，所以每征服一地，饱学之士和身负技艺的工匠免受屠戮，幸存下来。元代聚集了大批中原以及来自亚、欧各地的贵胄、官吏、学士、传教士、天文学家、阴阳家、建筑师、医生、工程技术员、乐师、美术和舞蹈家。这一大批来自中原和西域的儒士、文化名人以及身负建筑技艺的能工巧匠们，为"元大都"的建设作出了杰出贡献。其中以尼泊尔人阿尼哥与他规划建设的白塔寺最为著名。

妙应寺白塔是我国现存最早、最大的藏式佛塔，是元大都保留至今的重要标志。辽道宗寿昌二年（1096年）这里就修建了一座舍利塔，塔内供奉着释迦牟尼佛舍利戒珠、香泥小塔和《陀罗尼经》等。以后塔毁于战火。元世祖忽必烈修建大都城，这里被圈在城里。至元八年（1271年）忽必烈亲自到此勘查选址，敕令在辽塔遗址修建了规模很大的大圣寿万安寺和这座喇嘛塔。塔于至元十六年（1279年）建成，8年以后寺才完工。这座"以镇都邑"的藏式佛塔，通体皆白，故俗称白塔。它峭然耸立在大都城中，凌峙霄汉，为当时京都最高大的建筑物。《元史》中记载有："金城、玉塔""京城为之生辉"之美誉。此塔是依据古印度的窣堵坡式佛塔式样，其基本结构和含义是：塔基呈方形折角须弥座，代表着构成世界的元素之"地"；塔身之上为覆钵体，似僧人用的钵盂倒置，所以又称为覆钵式塔，代表"水"；塔身之上是一层折角式须弥座，以连接塔身和相轮。相轮共13层，呈圆锥状，名为"十三天",13层相轮佛塔代表着最高等级,供奉释迦佛舍利塔,这部分代表"火";13天之上是直径为9.7米的华盖,四周垂挂36片铜质华鬘,下边各垂有风铃,华鬘代表"风",又象征佛张伞盖,庇护众生;华盖之上是铜质镏金宝顶,高约4.2米,重有4吨。这座白塔高51米、面积为810平方米,为我国现存最早最大的藏式佛塔,也是进入中原地区的第一座藏式佛塔,十分壮观,精美绝伦。它的设计者就是被忽必烈邀请的著名尼泊尔工艺师阿尼哥。

阿尼哥1245年出生在尼泊尔加德满都帕坦城,擅长建筑、雕塑、绘画等工艺。尼泊尔国曾属于吐蕃王国,9世纪玛剌(Malla)王朝建立后,仍与吐蕃保持着密切的往来。中统元年(1260年),阿尼哥带队抵达西藏萨迦寺,完成了黄金塔的建造任务之后,被元朝帝师八思巴带到了元大都,举荐给元世祖忽必烈。元世祖为考核阿尼哥,让他修复一尊针灸铜人像,这尊铜像年久损坏,当时元大都的工匠都不敢领命修补,阿尼哥很快修补完成,令所有匠师心悦诚服,也得到了忽必烈的信任,被委以重任。为让阿尼哥安心工作,察必皇后亲自派人远赴尼泊尔,将阿尼哥的妻子接到大都城让他们夫妻团聚,可见元代对能工巧匠的重视程度。

阿尼哥不负众望,在元朝任职40余年,主持的大型工程有塔3座、大寺庙9座、祠祀2座、道宫1座,庙里的佛像也多出自其手。著名者如西园之"凌空"玉塔、大圣寿万安寺塔(今北京白塔寺之白塔)、五台山佛塔、大都护国仁王寺之庄严佛像、涿州护国寺及所塑摩诃葛剌(大黑天神)主从之像、大都东花园寺所铸丈六金身佛像、圣寿万宁寺所塑千手千眼菩萨及所铸五方如来、大都和上都国学文庙所祀之孔夫子及十哲肖像、元世祖和察必皇后之织像、真金和其长妃阔阔真之织像等。此外又创浑天仪及其他司天器物。阿尼哥对中国艺术的主要贡献，其一为创作、传授了佛教造像的"西天梵相"，至元七年（1270年）建护国仁王寺时，汉族巧匠刘元被召参加塑造佛像，跟从阿尼哥学习西天梵相，得其神妙，遂为绝艺，成为仅次其师的元代最著名的塑像工艺家，这种造像式样也日益盛行。其二设计建造了尼泊尔式塔，最著名的就是上面提到的现存元大都西城大圣寿万安寺"释迦舍利灵通之塔"。

　　元大都是中华民族一体多元文化形成与发展的历史见证。阿尼哥的故事说明了元代文化是在异质文化相互交流、吸收互补的基础上形成的。

四 北京地区多民族的文化融合为中华文明贡献优秀智慧

北京是中华各民族文化融合进程的见证者，它积淀深厚、博大精深，成为中华文化的结晶和象征，是东方文化的杰出代表。在中华民族尚未形成的古代，北京就是中原王朝联系周边少数民族的纽带，后来作为大一统王朝的首都，又成为多民族文化交流融合和中外文化碰撞渗透的中心。

■ 多民族文化融合的脉络

北京地处中国农耕板块与游牧板块的接合带上，北枕长城，南控运河，是全国唯一的枕长城控运河的城市。它得天独厚的地理位置和优越的交通防卫设施，在前辽时期就是中原王朝的"北门锁钥"，辽以后走上了帝王之都的历史进程，终成元、明、清三大统一王朝的不易之都，成为中国农耕民族和游牧民族的理想建都之地。北京的文化具有鲜明的文化融通性，是文化的"混血儿"。作为都城，中国各地的文化精英都云集于此，加上都城本地培养的精英人物，成就了其独领风骚的精英文化。北京是全国各地物质、产品流通的集散地，这使得北京的文化融合了中国各个地域文化的特征，形成了以原有的燕赵文化为基础的具有全国意义的地域文化。

前辽时期，迁入北京的多是中原王朝的戍边人口，及沿边游牧民族的内迁、内附人口。辽、金、元三朝迁入北京的，基本上是从中原地区、江南地区掠获北归的人口，及以胜利者身份进入北京的契丹、女真、蒙古、色目等人口。这些进入北京的众多"移民"，可以划分为"中原农夫"和"草原骑士"两大群体。在新的环境和形势下，两大群体进行政治上的重新组合，文化上的再次认同，在"汉化"和"胡化"的互动过程中，实现了农耕文化与游牧文化的大融合。

明初，北京城区、郊区的总人口不足5万，永乐帝定都北京后，进行了大规模的移民。城区人口多是从长江流域迁来"增实京师"的富人；郊区人口多是从黄河流域，特别是晋南地区迁来的农户。长江流域的水乡文化与黄河流域的平原文化，在北京地区进行了大融合，在此基础上形成了明王朝的京师文化。

清王朝定都北京后，八旗人口成为北京城区的主体人口，占城区人口的2/3，统称为"旗人"，由满洲、蒙古、汉军三部分所组成。八旗中的"汉军"，多是生活在辽东的山东移民，降清的孔有德、尚可喜、耿精忠所部，也是以山东人为主体所组成的部队。山东系儒学的发祥地，"汉军"明显的儒家文化特征，对八旗文化影响很大。八旗文化是在军事、政治制度制约下组合而成的集

西山望北京

团文化。进入北京地区后，在内因、外因的双重作用下，其和明遗存的京师文化进行了政治上的组合，然后步入了文化上的认同，融合成为清代的京师文化。

近代以来，北京更成为中西文化相互渗透的主要城市之一。通过不断地吸纳外来文化而逐渐形成以中为主、中西合璧的文化，是北京文化的又一特色。总之，在北京城的长期发展过程中，逐渐形成了以中华精英文化为核心，以多民族文化和中外文化水乳交融为基础，以保持、学习和借鉴全国各地域文化为特征的北京文化体系。

■ 中华民族的家庙——北京历代帝王庙

北京的历代帝王庙是我国现存唯一的祭祀中华三皇五帝、历代帝王和文臣武将的明清皇家庙宇，是我国统一多民族国家发展进程中一脉相承、连绵不断的历史见证。

历代帝王庙

历代帝王庙俗称帝王庙，始建于 1530 年，距今已有 480 多年的历史了。虽然是庙，但北京历代帝王庙并不是宗教场所，它供奉祭祀的对象，既不是神也不是佛，而是中国史前时期的祖先人物三皇五帝以及夏、商、周、汉、唐、宋、元、明等历代帝王和功臣名将。由于祭祀者和被祭祀者都曾享有十分尊贵的地位，所以历代帝王庙的建筑就有了极高的等级规格和庄严豪华的皇家气派。其政治地位与太庙和孔庙相齐，合称为明清北京三大皇家庙宇。

整个庙宇的布局中心是景德崇圣殿。它的屋顶是最高级别的重檐庑殿顶，和故宫的太和殿是一个级别，使用黄琉璃瓦。大殿面宽九间约 51 米，进深五间约 27 米，标志"九五之尊"的帝王礼制。殿高 21 米，立有 60 根楠木柱子。高大的柱子和巨大的梁架共同支撑着巍峨的殿顶。大殿内天花是旋子彩画，外檐用金龙和玺彩画，格外显出富丽堂皇。

大殿中共分七龛供奉了188位中国历代帝王的牌位，位居正中一龛的是伏羲、黄帝、炎帝的牌位，左右分列的六龛中，供奉了五帝和夏商两周、强汉盛唐、五代十国、金宋元明等历朝历代的185位帝王牌位。景德崇圣殿东西两侧的配殿中，还祭祀着伯夷、姜尚、萧何、诸葛亮、房玄龄、范仲淹、岳飞、文天祥等79位历代贤相名将的牌位。其中，关羽庙单独修建，成为奇特的庙中庙。

在中国数千年的历史中，各朝代帝王加起来有数百人，为什么选择这188位帝王入祀历代帝王庙？这其中的选择过程恰恰是体现了一个民族认同的过程。

封建统治者自古以来就有祭祀祖先的习惯，"三皇"一直被视为中国人的祖先，为历代帝王所景仰；而先代帝王，则是后代借鉴和效仿的榜样，所以也要祭祀。洪武元年（1368年），明朝开国皇帝朱元璋为显示其权力的正统性，确定对从伏羲到忽必烈的16个中国帝王进行祭祀。明王朝是在推翻元王朝的基础上建立的，公开祭祀蒙古族帝王忽必烈，在当时的汉族大臣中还有争议。为此朱元璋特意强调说："昔胡汉一家，胡君主宰""迩来胡汉一家，大明主宰"。这一观点并非出自朱元璋的个人意愿。元朝末代皇帝妥欢帖睦儿退居上都，曾把一首诗交给朱元璋派来的信使，诗中道：

信知海内归明主，亦喜江南有俊才。归去诚心烦为说，春风先到凤凰台。

江山易手之际并无"亡国"之恨，反而表现出前朝君主对后起之秀的禅让、嘉许态度。可见在朱元璋和元顺帝看来，明朝取代元朝是通常意义上的改朝换代，"胡汉一家"的局面没有改变，国家的认同感是一致的。朱元璋还下令编写《元史》，从成吉思汗开始，就承认其正统地位，编写了《本纪》，并且沿用中国传统，进行"避讳"。《元史·本纪第一·太祖》开篇云：

太祖法天启运圣武皇帝，讳铁木真。

洪武二十一年（1288年），朱元璋又下令祭祀中国历代名臣37人，包括关羽、岳飞等汉族名将，也包括木华黎、博尔忽、博尔术、赤老温、伯颜等蒙古族将领。嘉靖十年（1531年），明朝政府又在北京建立历代帝王庙，同样包括元朝的忽必烈。朱元璋始终把大漠和东北看作中国多民族国家的版图，六次北伐，意图统一，最后终于控制了东北。

时至清代满族入主北京，秉承着中华民族祖先认同的精神，清朝顺治皇帝将辽太祖、金太祖、金世宗、元太祖及其功臣耶曷鲁、黏没忽、斡里不、木华黎、伯颜等俱请入帝王庙内享祀。同时，将大明国创业之君明太祖及功臣徐达、刘基，一并入庙享祀。从而使帝王庙内享祀的帝王增加到25位，享祀的名臣增加到41位。

康乾二帝在中国封建历史中是具有开拓精神的帝王，也正是这两位皇帝，赋予了历代帝王庙新的内涵，对历代帝王庙制定了新的规定。康熙皇帝下谕：除了无道被杀和亡国之君外，所有曾经在位的历代皇帝，庙中均应为其立牌位。简单说就算是皇帝，只要昏庸无道、丢了国，就没有资格入庙接受后人景仰。因此，后人跪拜并不仅仅因为他是帝王,更重要的是他是一位心怀天下黎民的帝王。乾隆皇帝的规定更是让历代帝王庙有了代表中华民族的魄力,他提出了"中华统绪,绝不断线"的观点。从那时起,入祀历代帝王庙非常重要的一个标准,是这些帝王没有令中华民族五千年的文化与传统断代,让中华文明一脉相承至今,令炎黄子孙后代无论身处世界何处都对中国人的身份得以认同。这就是他们对中华民族最大的贡献。

■ 满民族对北京多元民族文化的影响

汉民族的农耕文化享有高度发达的文明成果,在与少数民族的文化碰撞中,具有极强的吸附力。历代入主中原的少数民族在不断学习汉文化的同时,也在努力地保持本民族的文化特色,试图避免失去民族文化的自信和自觉。满民族以几十万之众承续大统,统治上亿人口的中原汉民族,其文化的危机感更加强烈。因此清王朝入关定都北京后,采取了一些强行推行满族文化和保护本民族习俗的措施,客观上使北京文化打上了更多满民族的烙印。

首先是强令剃发。汉人原是束发的,就是将头发向上一挽,再用冠或巾罩住;或把头发梳理整齐后,用一块帻巾把头发包起来,因而束发就成为汉人的特征。辫发原是辽、金男子的生活习惯,他们将头发梳理后编成一根长辫子,垂在脑后。满族原是女真族,属东胡民族系统,其社会生活习俗深受辽金的影响,所以满族亦尚习剃头辫发。剃发,就是将额角以上的头发剃去,把脑后剩下的头发编成辫子,垂在背上,或者盘在头上。剃发辫发是满族男子的特征。明朝后期,建州女真强大起来,统一了女真各部，夺取了明朝占有的辽河流域的广大地区。满洲贵族就强令其统治区内的汉族男子剃头辫发，作为归顺的标志。不肯剃发者要遭到惩处。顺治元年（1644年）四月，清军入关。五月一日清军占领通州，摄政王多尔衮谕令通州官兵士民剃发。同月，清军攻占北京，多尔衮再度颁发剃发令。这项剃发令恩威并重，剃发者得到奖赏，不剃发者受到严厉镇压。剃发改变了汉人的民族习俗，目的是从精神上征服汉人，遭到北方人民的强烈反抗，当时三河县就爆发了民众的起义。清朝统治者鉴于全国大局未定，为集中兵力镇压李自成起义，不得不暂时改变强令剃发政策，以缓和与北方汉族人民急速尖锐起来的矛盾，于顺治元年（1644年）五月廿三日颁布暂缓剃发令："自兹以后，天下臣民，照旧束发，悉从其便"。

其次是改易服装。这是清统治者改变汉人生活习俗的又一措施，它几乎与剃头辫发同时推行。汉族的服饰基本上是宽衣大袖，清廷命令改易汉装，推行以箭衣小袖为特色的满族服装。该制度强制推行几年后，遭到汉人的极力抵制。为了缓和民族矛盾，清政府以满族的传统服饰为基础，借鉴明朝服制，并采纳了明朝遗臣金之俊"十从十不从"的建议，制定了较为灵活的冠服制度。因此，清代男子一律着满服，而女子则可沿袭明朝习惯，以上身着袄、衫，下身束裙为主。乾隆以后，服装款式吸收了满族女服的一些特点，渐肥渐短，袖口日宽，再加上云肩，花样不断翻新。同时，满族妇女的服饰也受到汉族的影响，体现出民族文化的融合。

清代衣冠服饰有严格规定，康熙时，平民、听差人及书吏，只准用匹绫、纺丝棉、细茧、葛麻、梭布、狼狐、羊皮等，不得用狐肷做皮帽，器饰上不能用金；奴仆、优人、皂隶只准用纺织棉等，不得用缎纱及各种精致皮衣。因此，清代按照官职高低，行业不同，其衣质和服饰亦各异，以此来标明一个人的身份和地位。如果违制着衣，就要受到惩处。清代一般士人和商人穿长袍马褂，戴瓜皮帽，而商人的袍褂按规定只能用绢布缝制，表示贱人一等。农民一般穿棉织短褂，长工、奴仆夏天则穿背心，脚穿草鞋或麻鞋，有的则赤脚，头戴草帽或斗笠。满族普通妇女，穿长袍，长可掩足，极为宽大，袖口不用马蹄袖，平而较大，袖端、衣襟、衣裙镶缝各色边缘，领头较低，后逐渐加高，至辛亥革命前夕长袍变为小腰身，发展成为今天的民族服装"旗袍"。长袍也是汉族妇女的主要服装，不过满族妇女常在长袍的上身加罩一件短的或长至腰间的坎肩（马甲、背心）。鞋底极高，普通为一寸多至二寸，后增高达四、五寸，鞋底上宽而下圆，形似一花盆，俗称"花盆底"。鞋为木底，底的中部凿成马蹄式，称"马蹄底"。

最后，保护满民族语言、文字及姓氏取名习俗。清代皇帝非常注重弘扬本民族的文化。乾隆四十年（1775年）承德殊像寺落成时，乾隆参加了瞻礼，他发现佛经有蒙、藏两种文字，而没有满文，于是挥笔赋诗：

金经蒙古犹常有，宝帐皇朝可独无？

他认为在满族统治的国家里，应该有满文经卷，于是下令用18年的时间，译成满文藏经2126卷，缮写三部，藏于承德的殊像寺。同时组织满洲喇嘛60人，命令他们学习用满文诵读佛经。在长期的满汉融合中，部分满人开始汉化，到18世纪乾隆朝，改汉姓、取汉名现象不断增加，这一趋势引起乾隆帝的关注。他开始整顿满人姓氏，下令禁用三字汉文名。乾隆二十三年（1758年）五月，吏部引见官员中有个叫满吉善的，是觉罗保满之子，乾隆得知他是满人后，遂将他名字改为吉善，并命令宗人府彻查此类事情。并在乾隆二十五年（1760年）六月，发布上谕，严正告诫满族子孙：

姓氏者，乃满洲之根本，所关甚为紧要。

■ 民族特色鲜明的北京地方小吃

民以食为天。一个城市的普通百姓饮食，特别能反映城市的民族文化特征，北京的小吃就被誉为北京历史画卷中的一幅色彩纷呈的图画。北京成为都城之后，各族人民纷纷聚集于此，不仅"百物输入之众，有如川流不息"，而且也带来了各自的民族饮食传统。特别是元朝蒙古族和清朝的满族入主中原后，他们将民族风味食品也带到了北京。元帝国是横跨欧亚的大帝国，长期的讨伐征战，金戈铁马的军旅生活，需要作战行动迅速，不宜精烹细作。忽必烈就命令士兵将头盔倒过来盛水置于火上，放入现宰的羊肉涮烫后沾佐料食用，十分快速方便，这一吃法最终演变为风靡京城的涮羊肉。蒙古人还带来以乳酪为原料制作成的奶茶、以油面奶皮为茶的面茶。《燕京民间食货资料》中记载：

奶茶铺所卖惟乳酪可食，其余以奶为茶，曰奶茶，以油面奶皮为茶，曰面茶，熬茶曰喀拉茶，喀拉为蒙古语也。

还有一种用汤煮糙米为饭的茶叫孩儿茶,"其法始自蒙古,而士人仿为之"。明永乐年间,都城由南京迁到北京,祖籍长江两岸的军人、农民、商人,带来了南方稻米种植技艺和制作年糕的烹调方法,北京有了以米为原料的小吃制品。后来为回族所借鉴,移植于清真回民小吃,成为特色清真食品。清兵入关,特别是定都北京之后,满族小吃也随之进京,典型品种如萨其马,其制作要经切、码两工序,"切"满语为萨其非,"码"为码拉木壁,因此取其头两个词音萨其马。如今北京流传下来的小吃,正如北京作家肖复兴所说:"大多是旗人之滥觞",认为北京小吃主要起源清朝宫廷御膳。据考证,焦圈、豌豆黄、肉末烧饼、小窝头等,确实是从清宫御膳房流入民间的。

说到北京小吃,不能不提到清真回民小吃。唐永徽二年(651年),以第一个阿拉伯使者到长安拜见唐高宗为标志,伊斯兰教传入中国,后大批商人到中国做生意,经营珠宝药材,还带来饮食调料中的香料,如豆蔻、胡椒、茴香、肉桂等,增加了饮食调

北京小吃

味品的种类，极大地丰富了中国烹饪以味为核心的内涵。元代数十万阿拉伯人、波斯人随蒙古军队迁入中国，在北京落户的主要地点之一就是牛街，穆斯林制作的清真食品也随之传到北京。元代忽思慧的《饮膳正要》中就收录了大量的回民食品资料。当时生活在牛街的回民多是中下层百姓，为了糊口，形成了回族"两把刀、八根绳"的职业特点。回族同胞勤劳智慧，充满创造力，手艺越来越精巧，经营也越来越精明，出现标新立异、争奇斗艳的优特小吃品种。由于世代相传，也出现了以品种名在前姓氏在后的北京小吃的特有现象，如"羊头马""豆汁张""爆肚石""切糕杨"等。回民小吃极大地丰富了北京小吃，并形成了北京风味小吃以回民小吃为主的格局。

　　当然北京小吃中也有其他民族小吃的精品，如汉族小吃中的炒肝、卤煮小肠、猪油年糕等，都很有特色。还有些小吃品种与北京成为科举会考地点有关，例如汤羊肉，是咸丰年间进京会考的一位绍兴客，因没考中无颜回乡，就在前门外深沟南口外路北开设珍珠斋，供应家传秘方炮制的汤羊。类似汤羊肉进京的汉族食品，还有王致和臭豆腐，这种特有现象是其他城市没有的。改革开放以来，八方风味齐聚京华。例如傣族的风情饮食，藏族的高原风味食品，西域新疆的烤全羊、烤羊肉串、手抓肉，朝鲜族古老的烧烤食品，都已风靡北京的街头小巷，成为北京风味小吃的重要组成部分。北京小吃各族风味食品荟萃，与其说是烹饪本身的发展，不如说是各民族风味食品汇聚北京，是各民族向心力的表现。56个民族情系北京，是北京民族小吃不断发展的内在原因。

故宫北望

总之，北京城市发展史与中国统一的多民族国家的形成、发展和巩固的历史过程相吻合，北京的发展史就是中华民族历史发展的缩影。

参考文献

1. 费孝通:《中华民族多元一体格局》,中央民族大学出版社 1999 年版。
2. 余秋雨:《山居笔记·一个王朝的诞生》,中信出版社 1998 年版。

北京故宫

/李建平

故宫，曾经是北京城市的地理中心。北京城市是先有规划而后修建的城市。在规划中，皇帝的宫殿就被规划设计在城市中心位置。到了明代修建皇宫的时候，更是将其规划设计在城市的中心、核心位置。目前我们参观看到的故宫始建于明永乐四年（1406年），到永乐十八年（1420年）基本建成，历经明清两代24位皇帝，至今已经有500多年的历史，一直是明清两代封建皇帝统治全国的政治中心。

故宫，在明清两朝被称为"紫禁城"。在民国以后，皇帝退位了，皇权没有了，人们将昔日的皇宫改为"故宫"。明清时期故宫为什么称为紫禁城？这是因为中国古代老百姓认为天上有神仙，而管理众神仙的玉皇大帝就住在天体正中间，这个地方叫紫薇星垣，周围有天兵天将，也就是二十八星宿拱卫。由此，地上人间的皇宫也应该像天上一样，宫城居城市中心，周围有神兵守卫。天上的中心是紫薇垣，地上的宫城就应该叫"紫禁城"。这就是中华文化的"象天法地"。

何谓象天法地？也就是人们想象天上有什么，地上人间就应该仿照做什么。这是源于中国古代天人合一的思想。古人认为天人相类、相通。既然天人可以相通，那么古代城市，特别是帝王的都城就应该和天上一样，有中心，有四方。北京城市就是这么规划建设的。因为从辽、金、元、明、清，北京就成为帝王的都城，象天法地就成为都城建设的一种追求、一种理想设计。特别是到明成祖朱棣迁都北京，在北京大规模修建紫禁城时，就更加重视城市中心和中轴线。在宫城四周建成象征天上的青龙、白虎、朱雀、玄武四象环绕的模式，其根本目的就在于宣传君权神授，皇帝是天之骄子，有权与天沟通，达到授天之命、循天之道、邀天之福的目的。

故宫四周筑有城墙，城墙高10米，东西宽769米，南北长960米，呈长方形。总建筑面积72万多平方米。传说故宫有宫室9999间半，差半间达到一万间。但是不让它达到10000间，保持九五至尊，也是阳间房屋最多的建筑。故宫博物院曾做过统计，按照四柱为一间的计算，共有9000多间。故宫殿宇巍峨，宫阙重叠，画栋雕梁，尤其是红墙黄瓦建筑与北京老城灰墙灰瓦的民居、商铺、城墙形成对比，呈现了独特的北京城市风貌。

一 故宫的前三门
——天安门、端门、午门

游览北京故宫，多从天安门进入。这是因为天安门是皇城的南门。过了天安门、端门，迎面才能看到午门。

天安门是皇城的正门，明代称"承天门"，是皇帝秉承上天的旨意，奉天承运来统治人间黎民百姓，由此天安门又被称为"天子之门"。天安门建筑有高大的城台，城门五阙，重楼九楹，高33.87米，1970年翻建后高达34.7米。它是中国传统建筑中最具艺术特色的代表建筑，屋脊为重檐歇山顶，黄琉璃瓦，红色墙身，最下面是汉白玉石的须弥座，座上为高10多米的红色墩台，用大砖砌成。墩台上的城楼大殿东西宽9间、南北深5间，用"九、五"之数，取帝王为"九五之尊"，是至高无上的寓意。

沿着天安门、端门可以直接到达故宫午门，进入明清时期的皇宫——紫禁城。从天安门到午门，左（东）面是太庙，右（西）面是社稷坛。

北京皇城沙盘（作者摄于北京皇城博物馆）

■ 天安门

　　天安门在明清两朝是皇帝颁发诏令，即"金凤颁诏"之地。遇有新皇帝登基、大婚等重大庆典活动和皇帝父母进宫，都要启用天安门。皇帝一般不走天安门。只有每年去祭天、祭地、祭五谷时，才由此门出入。由此可见，天安门在统治者心目中的政治地位很高，于平民百姓更是可望而不可即的地方。天安门还是"金殿传胪（lú）"的场所。每逢殿试后的两天，皇帝召见、传呼新中进士们的姓名，这叫"传胪"。考中前三名的进士为"状元、榜眼、探花"，要插上金花，身披红绸，骑马游街，可以出天安门，行走长安街，以谢皇恩。

■ 端门

　　过了天安门，又一座与天安门建筑样式一模一样的建筑迎面出现，这就是端门，人们也称之为"礼仪之门"。
　　端门城楼始建于明永乐十八年（1420年），是皇宫前面天子五门制度之一的城门，整个建筑结构和风格与天安门完全相同，其作用是加强皇宫的进深。端门城楼在明清两代主要是存放皇帝仪仗用品的地方。每逢皇帝举行大朝会或者出行，城楼下的御道两侧，仪仗种类纷呈，数量庞大，队伍宏伟，从太和殿一直排列到天安门外，长达两华里。同时端门和午门城楼上钟鼓齐鸣，以显示封建皇权至高无上的威严。"端"为正，为事物开始。

■ 午门

过了端门，迎面就是午门。

午门是故宫的正门，也是当年紫禁城（宫城）的正门，高35.6米，坐落于北京城南北中轴线上，位居中央且向阳，也就是在子午线南端，位当子午，故名"午门"。午门门分五洞，中门供皇帝出入，叫"御路"；王公大臣走左、右门；殿试时，考生按单双号分别进左、右掖门。午门上有五座城楼，人们又习惯叫它"五凤楼"或"朱雀门"。这是因为故宫当年修建时是按照天上星宿方位修建的，体现的是前（南）朱雀，后（北）玄武，左（东）青龙，右（西）白虎。午门在正南，为朱雀，建筑两翼带有雁翅楼。

故宫午门是宫城的正南门，主楼两侧有雁翅楼，是大雁展翅的造型，朱雀的象征。

明清两朝，冬天在午门颁发次年的历书；遇有将士大规模出征又胜利回朝，皇帝就要在午门举行庆贺仪式。届时皇帝端坐午门大殿正中，向下观看归来的军队、将士，然后接受战果报告、献俘，再进行奖励。届时午门两侧钟鼓齐鸣，午门两侧雁翅楼鼓乐齐奏，场面十分壮观。历史上没有出现过午门斩首，因为这是

故宫午门

皇家圣地，不能有杀人斩首的污血出现。明朝斩首在皇城外西四牌楼，也就是市民居住的商业中心——大市街，以便市民知晓。清朝处决重要犯人要更远一些，出内城宣武门，在菜市口大街行刑。一种说法是清朝满汉分居，满族驻扎内城，汉族被要求迁徙外城。从清初开始，处决罪犯就从西四牌楼移至宣武门外菜市口。由此可见，"推出午门斩首"是市井百姓的传说，来源于戏剧台词创作。但是，在明朝嘉靖年间发生过君臣大礼之争，获罪臣子被杖刑午门之外，体现了古代封建社会中天子之威严和专制之独裁。

由午门进去，首先映入眼帘的太和门前的广庭，内金水河像一条玉带从中间蜿蜒展开。河上跨有汉白玉桥，名金水桥，沿河两岸，有汉白玉雕琢的栏杆。这条河曲折有致，形似玉带，也叫玉带河。

内金水河

　　天安门前也有一条金水河为外金水河，午门内为内金水河，两条金水河是宫殿前有照、后有靠的宜居象征，所谓"照"就是有水，水平静能照出人影；所谓"靠"就是有山或丘陵，故宫后面的景山就是宫城的"靠"。

　　过河往北，迎面是太和门。太和门建成于明永乐十八年（1420年），当时称"奉天门"。明嘉靖四十一年（1562年）改称"皇极门"。到清顺治二年（1645年）改称"太和门"。这些名称的改变与门内大殿改名相关联。太和门在顺治三年（1646年）、嘉庆七年（1802年）重修过，到光绪十四年（1888年）被大火焚毁，次年又重建。

　　太和门是前朝大门，也称"大朝门"。太和门是故宫内最大的宫门，也是故宫外朝宫殿的正门，同时也是自天安门向北进故宫时经过的第四道门。按照天子五门制的一种说法，认为大清门、天安门、端门、午门、太和门为天子宫阙前五道重要的门。

太和门

北京故宫

二、故宫前朝
——太和殿、中和殿、保和殿

经过太和门，就是故宫的前朝，也就是著名的三大殿建筑。三大殿是太和殿、中和殿、保和殿的总称。这三座大殿在汉白玉砌成的8米高的平台上，依次耸立，远望就是中国神话中的琼宫仙阙。汉白玉基台分三层，每层都有汉白玉栏杆围绕。从空中看三层台基，是一个坐北朝南的汉字"土"，有两层寓意：一是中国五行（金、木、水、火、土）文化中强调"土"为中，这里是天下中心，在天、地、人三才中天子是上承天，下接地，位于天地中间；二是"率土之滨，莫非王土"，也就是说天下的土地都是归皇权所有。

■ 太和殿

太和殿俗称"金銮殿"，是故宫最高级别的建筑。太和殿在明朝永乐年间修建后称为"奉天殿"，嘉靖年间改叫"皇极殿"。太和殿的名字是清顺治二年（1645年）改称的，几百年间就再也没有改过称谓。这是因为这个名称大气，冠天盖地，讲述的是中国古代人们对天地的认知，对和谐的高度概括。太和殿内有蟠龙大柱支撑，气势雄伟，正中是一座两米高的小平台，上面是金漆雕龙宝座。座顶上方正中是蟠龙藻井倒垂着轩辕镜，以示皇权正统，中华文化一脉正传。天花板绘金龙戏珠图案，两旁耸立蟠龙金柱，座后是精美的围屏。整个大殿装饰金碧辉煌。太和殿是明清两朝举行大典的地方，新皇帝登基，颁发重要诏书，以及每年元旦、冬至、皇帝生日，发布新科进士皇榜，都在这里举行庆祝仪式。每当皇帝升座时，殿前陈列的鼎、炉都升起袅袅香烟，缭绕殿宇。殿廊下的金钟、玉磬和笙、箫、琴等乐器一起奏鸣，跪在殿外和广场上的文武百官要三呼万岁，场面壮观，气氛庄严肃穆。

太和殿面阔11间（63.96米），进深5间（37.17米），黄琉璃瓦重檐庑殿顶，双龙和玺大点金彩画。大殿通高37.44米，是我国现存最大的木结构建筑。殿内正间是六根鎏金蟠龙大柱，屋顶正中是鎏金蟠龙藻井，中间的龙口中衔着倒垂的圆球是轩辕宝镜，表示坐在它下面的皇帝血脉正统。殿内正中是高2米的楠木雕龙平台，前出三阶，上面是象征皇权的鎏金宝座（明代遗物），后是七扇鎏金雕龙屏风，上悬乾隆皇帝御笔"建极绥猷"的黑字黄底匾额。地面是苏州制造的"金砖"。据说这种金砖制造工序非常复杂，一块金砖相当于一两黄金的价格。金砖的特点是敲之有声，断之无痕，表面平滑滋润。在太和殿前是三层汉白玉石台基的月台，月台下是3万余平方米的广场。举行大典时，要陈设

太和殿

各色仪仗和规模庞大的象队、马队，场面十分壮观。

■ 中和殿

中和殿居三大殿正中，体现中正仁和或"致中和"。"中和"或"中正仁和"是中国"和"文化的精髓。

中和殿是一座方形的殿堂，殿顶为四角攒尖顶，上置鎏金宝顶，圆形。顶为黄色琉璃瓦，殿身为红色菱花门窗。中和殿始建于明朝永乐年间，初称"华盖殿"；明嘉靖年间改称"中极殿"；清顺治二年（1645年）改名为"中和殿"。中和殿是皇帝出席大典前休息和接见外国使节、亲王、宗教领袖的地方。殿内雕刻着很多金龙，显得金光灿烂。殿内设有宝座、金鼎、熏炉等陈设。有时皇帝也在此殿召见庆典执事或大臣，询问一些礼仪或程序事项。仔细观察中和殿的建筑形式，就会发现尽管在皇宫之中，宫

中和殿

殿建筑形式既不呆板也不雷同，每座建筑都有自己的特色和讲究。例如，太和殿为庑殿顶，中和殿为方形四角攒尖顶，保和殿又为重檐歇山顶。这种变化，使三大殿在建筑形式上出现跳跃式起伏和变化，充满了灵动。这对我们今天在城市化进程中千篇一律的搭建方格式楼房具有一种审美的启迪。

■ 保和殿

保和殿是前朝三大殿压轴的大殿。根据《周易》之理，太和、保和利于贞，是阴阳和谐达到圆满境界的象征。保和殿建于明朝永乐年间，时称"谨身殿"，嘉靖年间改称"建极殿"，清顺治二年（1645年）改称"保和殿"。保和殿为歇山重檐大殿，上铺黄色琉璃瓦。大殿9开间，进深5开间，建筑面积1240平方米，高29.50米。是前朝三大殿中最后面的大殿。保和殿在建筑上采

保和殿

用减柱造法，建筑学上称"减柱造"。这种做法是在建筑大的殿宇时，将殿前的金柱或殿后金柱减去，使大殿室内显得更加宽敞，采光更多，更加明亮。保和殿内设宝座，每年除夕，皇帝在这里赐宴招待皇亲国戚。

保和殿也是皇帝举行重大活动的场所。清代皇帝多次在保和殿举行宴会，招待外藩使者，为公主举办大婚典礼。然而，保和殿最重要的功能活动还是皇帝在此举行"殿试"。何谓"殿试"？在中国封建社会，讲求学而优则仕，人们要走仕途，除了少数人可以世袭以外，大多数人要经过考试才能获得仕途。这种考试是从基层开始。在经过"童试""乡试""会试"之后，考生在得到"秀才""举人"后才有资格推荐参加"殿试"。凡是通过"殿试"的考生，可分为三个等级：第一等级可以获得进士及第，但是只有三名，分别为"状元""榜眼""探花"；第二等级为"进士出身"；第三等级为"同进士出身"。第二、第三等级名额根据情况有多有少，名额不确定。

在保和殿后面中间御路上有一座大石雕，有书中称"保和殿大石雕"。这块大石雕是中轴线御路上众多石雕中最著名的，也是体量最大的石雕。大石雕来到故宫的历史非常悠久。据说在宫殿还没有修建时，大石雕作为备料已经放到了现在的位置。因大殿（即太和殿，时称奉天殿）在建造时位置向南移动，大石雕体

保和殿后大石雕

积太大，移动到太和殿前面已经不方便了，最后只好委屈在保和殿后面。大石雕石料来自北京房山大石窝。根据专家测算，大石雕在雕琢前的石材至少有 300 吨重，当时北京城距离大石窝有一百多里地，在没有起重机的古代社会，人们是怎样把这么重的石材运到北京皇宫的？根据一些专家推测，搬运巨石的方法是利用冬季路面结冰时，在巨石下面放上圆木，前面有人来拉动，后面有人推或撬动，才能使巨石慢慢移动。为此，运送石料的沿途要打井泼水，遇到障碍物还要拆除或清理，使用的人力、物力相当可观。这仅仅是搬运过程，整块大石雕的雕刻也非同一般。我们现在看到的雕刻已经是清乾隆二十五年（1760 年）重新雕刻的，上面的图案是九龙戏珠，衬景是海水纹、云纹和海崖山石。有关专家评定，这是目前中国体积最大、雕刻最精美的石雕艺术品。

　　三大殿是故宫建筑的中心。从太和殿向南是午门，向北经过后庭可达神武门。太和门东西两侧各有一组建筑群，东侧是文华殿、文渊阁等，向东可直达东华门；西侧是武英殿、南薰殿，向西可直达西华门。

三 外朝宫殿
——文华殿与武英殿

■ 文华殿

文华殿屋顶是绿琉璃瓦。到明嘉靖年间改为黄琉璃瓦，平时仍是太子的读书场所。另外，每年春秋两季，皇帝在这里邀请朝臣讲述儒家经典。在文华殿后有一座小型建筑叫传心殿，是皇宫内供奉古代圣贤的地方。所谓"传心"，就是传承古代圣贤治理国家的心得和经验，让太子学习和接受教育。清朝初年沿袭明代旧制，后因公开立储改为秘密立储，文华殿才变成皇帝会见使臣的地方。到清朝末年，一些国家的使节和代表多次在文华殿被召见，由此文华殿在清朝末年的外交活动中有一定的知名度。文华殿与"文"有关，除了是太子学习的场所之外，还因有一座著名的藏书楼——文渊阁而闻名。尤其在清代乾隆年间，发动众多文人编辑《四库全书》之后，乾隆皇帝要求仿照浙江宁波鄞县范氏

文渊阁

藏书楼天一阁的形式，在文华殿后修建文渊阁。

　　文渊阁采用青、绿色琉璃瓦，既有宫廷宫殿建筑特征，又有从心理上防火、灭火的作用。整座建筑颜色以冷色为主，显得文雅，特别是彩画图案以水草龙云纹为题材，两山青水砖墙不涂红色，更显建筑清新雅致。在文渊阁前有小石桥，内金水河迂回东去。太湖石叠山、松柏交错，环境清幽恬静，是皇宫建筑群中有独特风格的建筑。

■ 武英殿

　　武英殿与文华殿东西遥相对称，建筑规制大体相同。不同之处是内金水河从武英殿门前向东流过，而文华殿则从殿后文渊阁前向东流过。在明朝，文华殿与武英殿均是紫禁城的偏殿，并没有显著的文、武功能区分。明朝初年，皇帝曾以武英殿作为斋戒之所，皇后也曾在此接受命妇（王公和高级官员的家属）的朝贺。但更多的时间是在这里从事文化活动。如皇帝经常召集内阁中能写善画的官员在这里编书绘画。明朝末年，李自成进北京，在武英殿处理政务，尔后又在武英殿登基称帝。李自成撤离北京后，清朝入主北京，摄政王多尔衮进入皇宫后，又在武英殿处理政务。由此，武英殿更增添了大将军处理政务的色彩。

武英殿在北京城市文化史上是相当有名的。这是因为清朝在这里集中了一些文人编辑书籍，著名的《四库全书》《古今图书集成》等都是在这里设局编辑的。这里不仅编书，而且印书，采用木刻活字印刷，这就是有名的聚珍版，通称殿版书籍。这种殿版书籍字体美观，校勘翔实，纸墨精良，有很高的学术价值和收藏价值。南薰殿在武英殿南，是收藏历代帝后图像的地方。在武英殿后还有一座特别的建筑，名"浴德堂"，是故宫内罕见的西洋建筑，穹隆突兀，内壁通体镶嵌白色琉璃砖，是中国西域风格建筑。

文华殿与武英殿属于紫禁城外朝范围内的宫殿。在紫禁城中，有"前朱雀、后玄武、左青龙、右白虎"的说法，午门是朱雀的象征，神武门原称"玄武门"，是玄武的象征，文华殿是青龙的象征，武英殿是白虎的象征。文华殿与武英殿以中轴线为中心，两组建筑不仅对称，而且相互呼应。文华殿、武英殿与紫禁城三大殿的关系相当于一个人的头颅和左膀右臂的关系。故此，有人认为，在建筑布局上文华殿与武英殿是三大殿（太和殿、中和殿、保和殿）的左辅右弼。由于在建筑体制上是三大殿的偏殿，所以文华殿与武英殿主要建筑均为黄琉璃瓦单檐歇山顶，有配殿却无廊庑围绕，台基同三大殿相比较，也显得较低，处于从属地位。

四 后三宫
——乾清宫、交泰殿、坤宁宫

■ **乾清门与乾清宫**

游览故宫，以乾清门为界，在紫禁城中分为南北两个部分，南面为前朝，北面为后宫，乾清门是后宫的大门。乾清门面阔七间，进深三间，为单檐歇山顶，黄琉璃瓦，在殿宇式建筑下面有须弥座式汉白玉石基台，高出地面1.7米。大门两侧有八字墙，与一般民宅不同的是八字墙高大，为琉璃影壁形式，中间有琉璃制作的团花图案。乾清门前还有鎏金的铜狮子和防火用的鎏金铜缸，从摆设的物件来看，就是帝王之家——皇家的大门。有关铜缸，在紫禁城中多处可见，这是古代宫殿里主要的防火设施。有人统计过，紫禁城内共有308尊大缸，一般都放置在宫殿前面，称为"门海"。每尊大缸可装水3000毫升。大缸有两种，一种为铜制，另一种为外表鎏金的铜制。外表鎏金铜制大缸是少数，更加贵重，

鎏金铜缸

只陈设在重要宫殿或庄严的大门前面。故宫内鎏金铜缸，是古代的消防设施。缸内蓄满水，发生火灾时可以用水灭火，同时造型优雅、装饰华丽的鎏金铜缸又是宫阙前面的华丽装饰。

乾清门前是一个东西长200米、南北宽50米的狭长广场，更加烘托了乾清门的威严气氛。乾清门也称"御门"。这是因为从清朝康熙皇帝开始，"御门听政"的地点移到了乾清门，天子在此门上早朝，举行日常的行政例会。康熙、雍正、乾隆三朝在乾清门举行"御门听政"，听取文武百官依次奏事，奏事完毕，还有纠仪官检查风纪，纠仪结束，早朝结束，鸣静鞭，皇帝还宫，百官退朝。像这样的早朝，常年举行。有人形容上朝时天还没亮，是"残月朦胧欲五更"，散朝以后刚刚黎明，是"满天星斗未曾收"。"御门听政"，无论对皇帝还是对大臣来讲都是苦事一桩，到清朝后期被废除。

乾清门

进了乾清门，迎面就是乾清宫。乾清宫面阔九间，重檐庑殿顶，黄琉璃瓦，是典型的皇家正殿建筑，实际上乾清宫也是后宫中最高大、最重要的建筑。

乾清宫内的"正大光明"匾，由清朝初年顺治皇帝亲笔题写。到康熙晚年，因立太子一事让皇帝大伤脑筋，同时还引发皇子对太子位置的争夺，到雍正皇帝继位后，针对前朝暴露出来的皇位继承权的明争暗斗，改"公开立储"为"秘密立储"，即在皇帝活着的时候，不公布皇位继承人，而是将皇位继承人的名字秘密书写在诏书上，藏于"正大光明"匾后面，待皇帝驾崩后，由亲近大臣取下诏书，公布皇位继承人。由此，乾清宫又是清代秘密立储制度诞生的摇篮。后来，清代的皇子越来越少，并没有使用几回。

■ 交泰殿

交泰殿也是方形的亭式建筑，面阔与进深均为三间，上为四角攒尖顶，最上面是鎏金宝顶，黄色琉璃瓦下是红色墙身和门窗，与中和殿的区别在于亭式建筑没有外廊柱，是封闭式的亭式建筑。在明代，这里也曾是皇后的寝宫。但文献记载很少，而明清帝后在这里接受嫔妃和贵族妇女朝贺活动较多。这里最出名的是保存着清代的皇家玉玺、自鸣钟和古代的计时器——铜壶滴漏。

■ 坤宁宫

坤宁宫始建于明朝永乐年间，垂脊重檐歇山顶，黄色琉璃瓦，面阔九间，正中开门，分东西暖阁，是皇后的寝宫。到清代对坤宁宫房屋布局作了调整，按满族习俗将西边的房间改造为祭祀场所，将东面的房间改为暖阁，作为皇帝大婚的洞房。清代有4位皇帝在此举行过婚礼，分别是顺治皇帝、康熙皇帝、同治皇帝和光绪皇帝。参观坤宁宫的游人会发现，坤宁宫的窗户是直棂吊窗，窗户纸糊在窗外，与其他大殿的菱花格式固定的窗户完全不同，这些窗户不仅用高丽纸裱糊，还可以开启，有利于采光和通风。这也是清朝入主紫禁城后，按照满族人在东北生活居住的习俗而作的改动。

后三宫是指乾清宫、交泰殿、坤宁宫。这三座宫殿也建造在一个"土"字形台基上，但是比前朝三大殿的台基要低。前朝三大殿的台基高8.13米，而后宫三座宫殿的台基高仅有2.86米。这就造成从平面视觉上感觉三大殿高，后三宫低，出现一个强烈的起伏变化。但在人们游览紫禁城时并没有太大的感觉。这就是建筑设计的奥妙之处。当人们爬到景山顶上，站在万春亭前面，就会感觉到这种奥妙的实际作用。从景山向南望去，只见一片金灿灿的宫殿屋脊，却看不见宫殿的墙身和人影浮动，这就是传说的紫禁城核心建筑在最隐蔽处，是"沙锅底"式建筑布局。这种巧妙的安排更增加了皇宫建筑整体的安全感和神秘感。

后三宫与前朝三大殿在台基上还有一处不同，进入乾清门，便会踏上一条砖石甬道。这条甬道不仅将人的视线一直引向乾清宫正殿，而且不用再上下台阶。这条甬道宽 10 米，长 50 米，人走在上面，却感觉很长、很宽。这条甬道是专供皇帝行走的，也正好在中轴线上，是中轴线上御路最突出的部分。

在文化内涵上，后三宫也有说法。永乐年间修建皇宫时，是按中国文化传统，以天为乾、地为坤。"乾"代表男人，在皇宫中就是皇帝；"坤"代表女人，在皇宫中就是皇后。由此，将后宫前殿命名为乾清宫，后殿命名为坤宁宫，表示皇帝和皇后的居室。到明朝嘉靖年间，为了显示后宫中"帝、后"关系的和谐、美满，又根据《易经》中"天地交泰"一说，在两宫之间修建了交泰殿。这样，就形成了前朝有三大殿，后宫也有三座宫殿，这是嘉靖皇帝眼中的完美布局。

五 御花园

■ "人"字形树

参观完后三宫,就可以从坤宁门进入御花园。在御花园,皇帝、皇后不仅可以休闲、游览,还可以得到作为帝王的阴阳和谐沐浴。这是因为,首先映入眼帘的是"人"字形树。

"人"字形树在中轴线上,位于钦安殿前,是由一棵松树和一棵柏树相交在一起,下部呈"人"字形。"人"字形树是人的阴阳和谐之象征,喻示夫妻恩爱,白头偕老。由此,北京城老百姓又称其为"夫妻树""连理树"。"人"字形树又称连理树,比喻男女恩爱,夫妻生活和谐。在皇宫的御花园中心位置种植"人"字形树,表现皇家与世俗一样,希望家庭和睦,尤其是后宫安宁,皇帝与后妃们能有和谐、美满的生活。因为只有后宫安宁,才能有前殿清明。

"人"字形树

■ 天一门

　　天一门为钦安殿前的大门,是中轴线上建筑体积最小的一道门。"天一"取自道教《道德经》中"天一生水"的说法,天一门是钦安殿前作为道观的门阙。每年立春、立夏、立秋、立冬四个节气皇帝都要在钦安殿设道场，同时在天一门内设坛焚香，祈祷玄武之神（北方水之神）保佑皇宫消灭火灾。在古代社会中，由于宫殿为木质结构，且建筑集中，又没有现代防火设施和避雷设施，所以，火灾是皇宫中最大的灾害威胁。明朝从修紫禁城开始，就不断发生火灾烧毁宫殿的事故，为此将玄武大帝的祭祀场所放在中轴线上。这种做法一直到清朝也没有改变，说明皇帝对火灾的恐惧和对防火举措重视。

天一门

■ 钦安殿

　　钦安殿位于故宫御花园正中，始建于明永乐年间，为明初营建紫禁城时的重要建筑之一，也是明朝在中轴线上唯一的宗教建筑。钦安殿坐北朝南，建筑在高台之上，面阔 5 间，进深 3 间，黄琉璃瓦重檐盝顶。殿内为祭祀道教之神的场所，供奉的主神是玄武大帝（也称玄天大帝、玄天上帝）。玄武为北方之神，龟蛇合身之形。按中国传统文化五行学说，北方属于水，水为黑色。传说，玄武是玉皇大帝派到北方镇守的统帅，是道教的护法神之一，故此殿内玄武的造型为脚踏龟蛇，手持宝剑的武士打扮。据传，在朱元璋平定天下和朱棣夺取皇权的过程中，玄武之神都曾现身相助，所以在皇宫中不仅要敬玄武之神，而且要在紫禁城北面居中的位置设立钦安殿。由此，玄武又成为皇宫中的保护神。据传说，在明朝初年修建紫禁城的同时，明朝还集结了大批民工、建材，大规模修建了武当山供奉玄武大帝的宫殿。明朝嘉靖年间紫禁城中着了一场大火，有太监看见玄武之神又出现在钦安殿东北角，调动北方之水灭火，并在钦安殿东北角台阶上留下两个脚

钦安殿前石雕中的水兽

印。这个传说更增加了钦安殿的神秘色彩。据说在钦安殿前的石刻上还能找到一些附会的依据。例如，在石刻中就雕有鱼、鳖、蟹、海妖和水怪等。

■ 万春亭与千秋亭

在御花园内左右对称、相互呼应、阴阳互补的建筑很多，但是作为园林建筑经典的当属万春亭与千秋亭。

万春亭与千秋亭始建于明永乐年间，分别对称在御花园东、西两面，在东、西两面园林中又居中间的重要位置。这两座亭子是北京城非常重要的精品建筑，可以说是标志性建筑之一，也是等级非常高的中国皇家园林建筑。在1999年中国云南昆明举办的世界园艺博览会上，万春亭就作为中国园林的标志性建筑，被复制在中国馆内。

万春亭与千秋亭建筑本身均为四面出厦圆形，但是底座为四面方形，这又是北京城古代建筑的一大特色，即"方中有圆，圆中见方，方圆结合，相互借景"。两座亭子均为重檐攒尖顶，上

檐为黄琉璃瓦盝顶，下檐为十二脊波浪形黄琉璃瓦；顶端为彩色琉璃瓦葫芦形宝顶，宝顶上雕有龙凤戏珠图案，覆盖鎏金伞盖。两座亭子的亭身分四面，每面三开间，明间抱厦，均为朱漆门窗、柱额，门窗为艾叶菱花隔扇门窗，四周环绕汉白玉石雕栏板。

万春亭与千秋亭除了一东一西位置不同以外，内部供奉也不一样。万春亭内供关帝像；千秋亭内供佛像。[1] 两亭内设计庄严、肃穆。

■ 顺贞门与神武门

顺贞门在紫禁城御花园最北面，是在北宫墙正中上开三门的形式。因其门正好位于中轴线上，也具有代表性。顺贞门是内廷通往神武门的重要通道，无故禁开。顺贞门只是在皇后外出去先蚕坛躬桑祭神时才开启大门，其他事由均要走旁门。然而，令顺贞门出名的是与清朝选秀女有关。每次选秀的秀女从神武门进来，并在此门前面排队候选，每三年一次。由此，每当如花似玉的少女列队来到时，沉寂的御花园后墙就会热闹起来，忙碌起来。

神武门始建于明永乐十八年（1420年），清朝康熙年间重修。神武门，原称"玄武门"，是历代宫阙后门的名称，玄武为古代北方太阴之神，其形为龟蛇合身形，按五行之说，北方属于水，故此又称为水神，是明朝皇宫灭火去灾的保护神。清初康熙皇帝名玄烨，避讳"玄"字，改为"神武"，究其文化渊源是保卫皇宫和皇室安全的皇家御林军后卫军也称为"神武"。城门五开间，

---

[1] 张承安：《中国园林艺术辞典》，湖北人民出版社1994年版。

神武门

为重檐歇山顶,下面为高大的城台,中间开门洞。神武门作为皇宫的后门,是宫内日常出入的重要门禁,明清两代皇后行亲蚕礼即从此门出入。清代每三年一次选秀女,备选者经由此偏门入宫候选。

六 皇城与宫城的连接枢纽
——东华门与西华门

■ 东华门

东华门与西华门建筑形制相同。以中轴线为中心，东华门与西华门是相互对称的。东华门与西华门的位置均不在紫禁城东、西城垣的正中，而是偏南一些。这种安排与紫禁城总体规划有很大关系。紫禁城分外朝和内廷两部分，武英殿、太和门、文华殿构成东西贯穿外朝的横轴，东、西华门分别处于这条横轴的两端。如此建筑布局，既便于官员进出外朝宫殿，还可以减少外朝活动对内廷宁静的干扰。如果将这一横轴继续向东、西两个方向延伸，又可以到达皇城的东安门与西安门。由此可见，东、西华门不仅是对称的建筑物，具有整齐、对称的建筑效果，还是连接皇城与宫城的重要交通枢纽。

东华门是紫禁城东门，始建于明永乐十八年（1420年）。东

东华门的门钉照片

华门东向，建筑平面为矩形，下面是高大的城台，城台为红色，城台基础为汉白玉须弥座，正当中辟3座券门，券门洞造型为外方内圆。城台上建有城楼，城楼为黄琉璃瓦重檐庑殿顶，城楼基座围有汉白玉栏杆。城楼面阔5间，进深3间，四周出廊，梁枋绘有墨线大点金旋子彩画。面朝东屋脊檐下有"东华门"匾额。匾额原为满、蒙、汉三种文字，后减为满、汉两种，辛亥革命后只留有汉字。在东华门外设有下马碑石，门内金水河南北流向，上架石桥1座，桥北为3座门。东华门以西是文华殿，以南为銮仪卫大库。东华门门楼自清乾隆二十三年（1758年）始用于安放阅兵时所用的棉甲，每隔一年抖晾一次。乾隆二十八年（1763年）

三月，皇帝下旨在东华门外护城河边空闲围房中选用70间，设立仓廒，用于存贮太监应领米石，赐名"恩丰仓"。清初，东华门只准内阁官员出入，乾隆朝中期，特许年事已高的一、二品大员出入。清代大行皇帝、皇后、皇太后出殡时皆由东华门出，民间又俗称"鬼门""阴门"。紫禁城的四个城门中，午门、神武门、西华门的门钉均为纵九横九，只有东华门门钉为纵九横八，内含阴数，相传也与此有关。

■ 西华门

西华门是紫禁城西门，始建于明永乐十八年（1420年）。西华门西向，不仅与东华门遥相对应，而且建筑形制基本相同。在西向屋脊檐下有"西华门"匾额。西华门外设有下马碑石。要求

西华门

行人、官员到此要下马，以示对皇权的敬重。出西华门，正对皇家园林西苑（即今日北海、中南海），清代帝后游幸西苑、西郊诸园，多由此门而出。乾隆十六年（1751年），皇太后60寿诞，曾制作大型凤辇出入西华门，以至于西华门外石桥没有了栏板。乾隆五十五年（1790年），乾隆皇帝八旬万寿节，从西华门以外，经西直门以至海淀一带，沿途张灯结彩，预设彩棚乐戏，隆重庆贺。由此可见，在清朝，西华门、西直门，沿长河到颐和园，是清朝皇室活动的重要通道。到清朝末年"庚子事变"（1900年），八国联军攻打北京城，慈禧太后、光绪皇帝一行仓皇出逃也是由西华门离开故宫向西一路出走的。

七 东西六宫

东西六宫，就是一座紧挨着一座的院落。从乾清门开始，又分内廷东、西两路。

■ 故宫东路

故宫东路主要有东六宫、奉先殿、箭亭、宁寿宫、乾隆花园等。东六宫分别是钟粹宫、承乾宫、景仁宫、景阳宫、永和宫、延禧宫，主要举办专题展览。奉先殿是皇帝祭祀祖先的家庙。宁寿宫也称宁寿全宫，是一组规划整齐、结构严谨的宫廷建筑，是规划给老皇帝（太上皇）居住的地方。从乾清门向东是景运门，过景运门经奉先殿东行，有琉璃影壁一座，上雕九龙，俗称"九龙壁"。和北海的九龙壁是同时建成的。往北，是修建得颇似乾清宫的皇极殿。清乾隆皇帝传位给儿子嘉庆之后，自己当了太上皇，就住在这里。现在这里为绘画馆，每年轮换陈列历代名画家和书法家的真迹。

皇极殿向西，到斋宫。皇帝去天坛、地坛祭祀之前，这里是吃斋的地方。斋宫以北的许多宫殿都是后妃们居住的地方，现在被辟为历代艺术综合馆，陈列各朝代的珍贵艺术品。

乾隆花园是利用宁寿宫的隙地建造的，过去一直没有开放，因此很少有人知道。花园东西宽不到 40 米，南北长仅 160 米，总约 6000 平方米。面积不大，内容丰富，意境不凡。花园可分为五部分：第一部分是古华轩、禊赏亭、旭辉亭和名为"撷芳"的小亭等；第二部分是一座地道的北京四合院建筑，正面为遂初堂，是乾隆祈求得遂初愿的地方；第三部分是假山，山中有洞，隐现在假山之东的三友轩，以"岁寒三友"——松、竹、梅为主要装饰；第四部分以碧螺亭和符望阁为两栋主要建筑；第五部分

乾隆花园内幽静的假山石

有一座歇山式的小阁，亭亭玉立在假山之上，名叫竹香馆，阁旁有翠柏四株，还有一个乾隆游园后休息的地方，叫倦勤斋。五个地方的景色可用"秀、雅、奇、清、巧"五个字概括。

宁寿宫的后面有一水井，名为"珍妃井"。珍妃是清光绪皇帝的妃子。她支持光绪皇帝变法图强，受到光绪的宠爱，却遭到慈禧的嫉妒，不仅常受虐待，还被打入冷宫，不许和光绪见面。1900年（农历庚子年）7月20日，八国联军兵临北京城下。慈禧太后决定携光绪皇帝等一行人出走西安。此时，大家都换了百姓布衣聚在寿宁宫。而那时，据一个老宫女回忆："慈禧忽感触前事，出珍妃于牢院，强词珍妃带走不便，留下又恐其年轻惹出是非，因命太监将乐寿堂前的井盖打开，要珍妃自尽，珍妃坚不肯死。当此千钧一发的时候，众人不能因此缓行，遂令太监将珍妃推入井中。"1901年春，清廷与八国联军媾和，慈禧、光绪等准备还朝，慈禧却天天做着珍妃要来取她命的噩梦。于是，慈禧

宁寿宫后面的珍妃井

回到宫中后，命人将珍妃的尸骨打捞出来，装殓入棺，葬于阜成门外恩济庄的宫女墓地，并以"贞烈殉节"的名义掩世人耳口。民国二年（1913年），珍妃的姐姐瑾妃（时为端康皇太妃）将珍妃迁葬光绪景陵妃嫔园寝，并为珍妃修建了一个小灵堂以供奉她的牌位，灵堂上悬挂一额纸匾，上书"精卫通诚"，以颂扬珍妃对光绪的一片真情。

■ 故宫西路

故宫西路主要是西六宫和养心殿。西六宫分别是：永寿宫、太极殿、长春宫（有红楼梦壁画）、翊坤宫、储秀宫（慈禧入宫居住）、咸福宫，是皇妃们居住的地方。从乾清门向西，是清代军机大臣办公的处所。从军机处东侧路向北转入，就可以看见养心殿，养心殿现在是按当年原样布置的，殿内陈设讲究。养心殿是清朝雍正皇帝及之后的七位皇帝处理政务的地方。每天早晨，皇帝在此接见军机大臣，听取政务。现在西殿的南窗下，还保留有当年的木板围墙，是防备有人偷听和偷看而设的。自雍正皇帝居住养心殿后，这里就一直作为清代皇帝的寝宫，一直到溥仪出宫，清代有八位皇帝先后住在养心殿。慈禧、慈安的太后垂帘听政在养心殿东暖阁。在养心殿西侧房间内是"三希堂"（内有《快雪时晴帖》《中秋帖》《伯远帖》）。

从养心殿往北是永寿宫、太极殿、体元殿。体元殿也是一座华丽的建筑，慈禧太后早年曾在这里居住，这座殿堂屋檐华丽，像座戏台，当年她常令小太监在这里演戏。对面的长春宫，附近有不少宫室，也是后妃们居住的地方。现在陈列着清朝的工艺美

新修复并且对外开放的慈宁宫大门

术品。

  慈宁宫位于北京故宫内廷外西路隆宗门西侧。始建于明嘉靖十五年（1536年），是在仁寿宫的故址上撤除大善殿而建成的。万历年间因灾重建。清沿明制，顺治十年（1653年）、康熙二十八年（1689年）、乾隆十六年（1751年）均加以修葺，将其作为皇太后居住的正宫。乾隆三十四年（1769年）兴工将慈宁宫正殿由单檐改为重檐，并将后寝殿后移，始定今之形制。

  清朝顺治十年（1653年），孝庄文皇后始居慈宁宫，自此成为太皇太后和皇太后的住所，太妃、太嫔等人随居。慈宁宫主要是为太后举行重大典礼的殿堂，凡遇皇太后圣寿节、上徽号、进册宝、公主下嫁，均在此处举行庆贺仪式。特别是太后寿辰，皇帝亲自率众行礼，并与近支皇戚一同彩衣起舞，礼节十分隆重。

慈宁宫门前有一东西向狭长的广场，两端分别是永康左门、永康右门，南侧为长信门，可去慈宁宫花园。

慈宁宫花园位于内廷外西路慈宁宫西南，始建于明代，是明清太皇太后、皇太后及太妃嫔们游憩、礼佛之处。花园中原有临溪观、咸若亭等建筑，万历十一年（1583年）改名为临溪亭、咸若馆。清乾隆三十四年（1769年）进行大规模改建，但花园总的规模和布局始终没有大的变化，是故宫内三大精致园林（御花园、乾隆花园、慈宁宫花园）之一。

参考文献

1. 李建平等：《北京精神与文化》，经济科学出版社2012年版。
2. 李建平：《魅力北京中轴线》，文化艺术出版社2008年版。

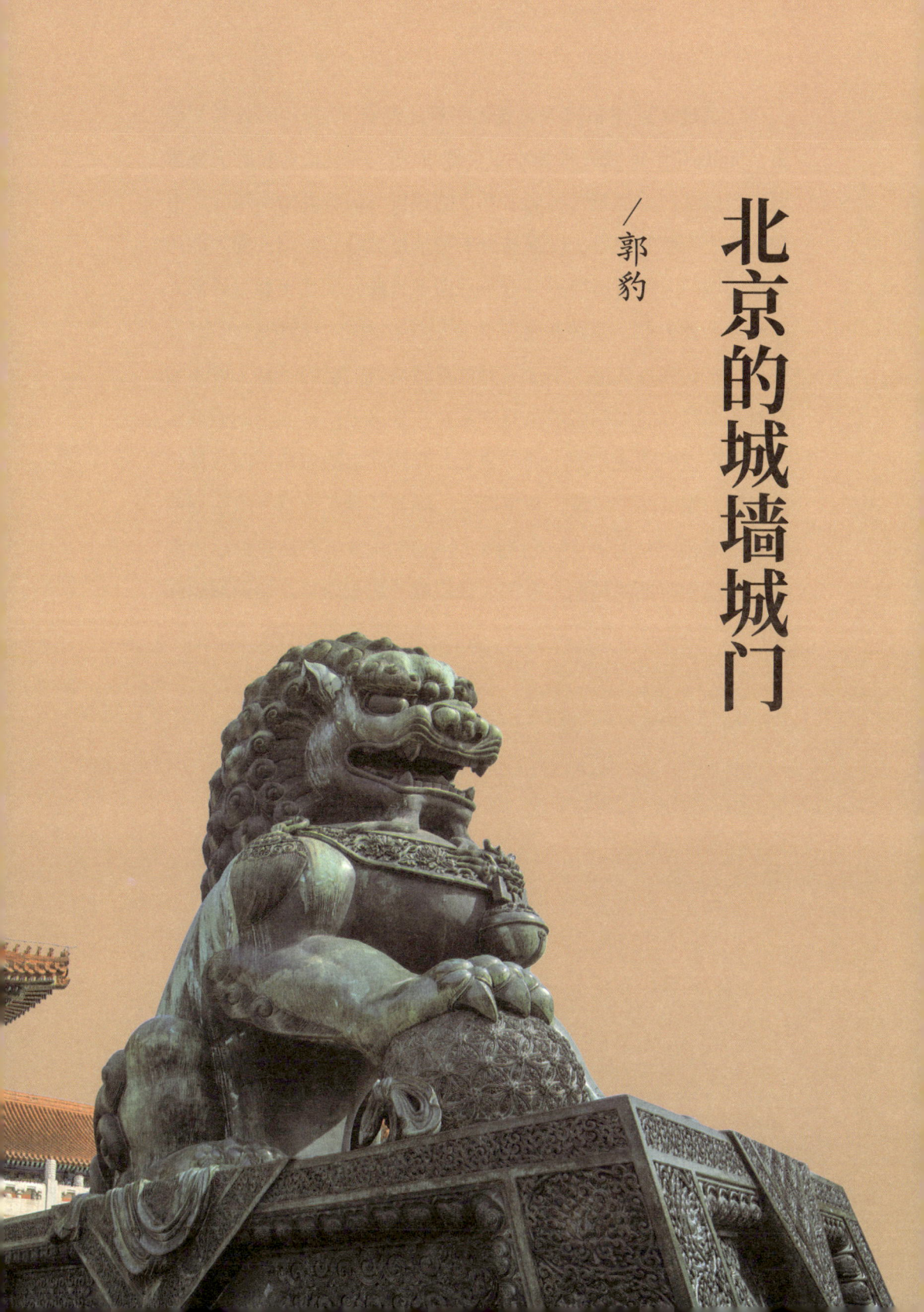

北京的城墙城门

/ 郭豹

北京是举世闻名的历史文化名城，有着50万年的人类活动史、3000多年建城史和800多年建都史。纵观北京的历史最重要的当属其作为都城的历史；北京的建设，最辉煌的当属元大都和明清北京城的建设。城最显著的特征是城墙和城门，提起北京的城墙城门，既有历经岁月沧桑保留下来的元大都土城（局部）、正阳门、德胜门、皇城根等，也有只能在地名中追忆的西直门、崇文门……岁月久远，不少人对这些城墙城门已经不甚了解，甚至对不同时期的城门城墙张冠李戴。在狭义上，谈北京的城墙城门一般只谈明清北京城；而广义上，介绍北京的城墙城门应该包括时间、空间两个范畴。从空间上，涵盖了今天北京行政区划内所有的城池；从时间上，包括北京在3000多年岁月里先后出现的不同历史时期的城池。今天，我们就一起来追寻北京的城墙和城门。

一、城墙城门的含义

在介绍北京的城墙和城门之前，需要对城做一个基本的介绍。

■ "城"的概念

城是以高墙围绕起来的、具有防御功能的聚落形态。城的最主要功能是防御。《墨子·七患》指出：

> 城者，所以自守也。

城，往往是一个地区的政治中心和军事中心。

城的显著特征首推城墙。在古代，城有时也仅仅是指城墙。由于城的等级、地形地势、财力等不同，所以城墙的大小高厚不一；平面布局有方、圆及不规则等多种形状；材质或土或砖石。有的城还有多重城墙。为了加强防御，还有马面、角楼、雉堞、铺舍等配套的设施。

城墙的墙体上开有通道，以供行人、车马出入，同时设有可以开合的门扇，这就是"城门"。城门既是进出城的通道，也是防守的最薄弱环节，因此往往由城楼、瓮城、箭楼、闸楼等组成严密的防御体系。

城池的规模因其级别不同而有严格的等级区别。一般可以分为都城、府城、县城。成书于战国时期的《周礼·考工记》中有一段著名的文字，说周公营建洛邑周王城时：

匠人营国，方九里，旁三门。国中九经九纬，经涂九轨，左祖右社，面朝后市。

这段话一般解释为：工匠建造的都城，方方正正的，边长为9里，每边各辟三门。城中纵横各九条道路，南北道路宽九条车轨。东面为祖庙，西面为社稷坛，前面是朝堂，后面是市场。这里的边长9里，约合3700米。周王城的规模虽然不大，但是奠定了后世中原都城平面方形及"左祖右社，面朝后市"的型制，影响极大。

■ "城"与"市"

在中国古代，城与市是两个不同的概念。东汉·许慎《说文》中解释得非常清楚："城，以盛民也。市，买卖之所也。"具体地说，市是官府在城中指定地区设立并由官府管理的交易场所，与居民所住的里或坊严格分开。市周围有垣墙,设有按时开闭的市门供交易者出入。城中市的面积并不大,唐代长安城108坊,著名的东、西市只占其中的4坊之地。

在原始社会游猎采集的阶段,既没有城,也没有市。人类进入定居、农耕阶段后,为了防御野兽和敌对部落的侵扰,开始筑城,但有城无市。周代以后,交易规模日渐扩大,城中有市,但被垣围住。宋以后,商品经济进一步发展,市破垣而出,散布全城,城区即市区。清末民国时期,商业更加繁荣,市破城墙而出,市比城大,城在市中。再往后,城成为市发展的障碍,相继被拆除;新兴之市不再修城,于是有市无城。我们现在提到的某某"城市",与古代的"城"已经没有关联了,实际上专指"市"了。

城和城市既有联系又有区别。城是城市的最初形态,城市则是城里面工商业发展到一定阶段的产物,既有城,又有市。我们不能将"城""市""城市"混为一谈,更不能将城的出现误认为是城市的出现。

■ "城"与"郭"

一般的城,只有一重城墙。重要的城,如府城,多有内、外两重城墙,里面的叫城,外面的叫郭。《吴越春秋》记载:"筑城以卫君,造郭以守民",说明城、郭虽然都有防卫作用,但一个是保护国君,一个是保护老百姓;国君住在城里,老百姓住在城外、郭中。

古代文献在提到内、外两重城墙的城的时候,单用"城"字时,多包含城与郭。单用"郭"字,仅指外城。如北朝民歌《木兰诗》:"爷娘闻女来，出郭相扶将。""城""郭"对举时，则分别指内外的城墙。如唐李白《送友人》中"青山横北郭，白水绕东城"。"城""郭"连用时，则泛指城。如文天祥的《金陵驿》："山河风景元无异，城郭人民半已非。"

■ "城"与"池"

"城""池"连用时，"城"指城墙；"池"指环绕城墙之外、起到防守作用的护城河，也称为"濠"。没有水的护城河则称为"隍"。《周易集解》中解释说"隍，城下沟。无水称隍，有水称池"。后来，佑护城池的神灵被人们称为"城隍"，并设庙祭祀。

"固若金汤"被用来形容防御非常坚固。这个成语出自《汉书·蒯通传》："必将婴城固守，皆为金城汤池，不可攻也。"金城、汤池，形容城墙像用金属铸造的一样坚固，护城河像注满滚烫的水一样难以逾越。

还有一个我们熟知的成语："城门失火，殃及池鱼"。意思是城门失火了，大家都用护城河的水去灭火，水被用完了，池中的鱼类也遭殃了。用来形容无辜受牵连而遭受祸害。

■ 城的起源和发展

中国古代筑城的历史相当久远。《吴越春秋》记载：

鲧（gǔn）筑城以卫君，造郭以守民，此城郭之始也。

鲧是大禹的父亲，因治水失败，被舜处死（一说是流放）。他所在的年代，大约是公元前2000年。但是，从考古发现看，我国古代城的历史要远远早于这个时期。

人类生活在游猎采集阶段，还没有定居，自然就没有城。进入农业生产阶段后，开始定居。为了防御野兽和敌人，氏族就在聚落四周挖出壕沟，将挖沟取出的土堆在沟边，成为沿沟的垣。有时还在垣上树以竹、木做成的栅栏。随着工程技术的提高、攻击型武器的进步，垣越来越高，堆土变成了夯筑的墙体，最早的城墙便出现了。此后，无墙不成城。

目前，中国发现最早的城是位于湖南常德澧县县城西北约10公里处的城头山，第一期城墙筑造年代距今已有约6100年。城垣呈圆形，周长约1000米，基底宽30余米，顶部残宽10余米。城外有壕沟。古人在这里居住超过2000年，期间有四次筑城行为。

史前时代发现最大的城址，是陕西省神木市高家堡镇的石峁城。距今4000~4300年。这是一处宏大的石砌城址，分为外城和内城，内城墙体残长2000米，面积约235万平方米；外城墙体残长2840米，面积约425万平方米。其规模远大于年代相近的良渚遗址、陶寺遗址等已知城址，成为已知史前城址中最大的一个。

城的建设和发展集中体现了古代经济、科技、文化等多方面的成就。中国历史上曾出现过三次筑城高潮，分别是春秋战国时期、秦汉时期和明代。其中，明代达到了巅峰，这一时期筑城的数量多、城墙基本上全用砖包砌、功能不断完备。到20世纪，因为人为拆除、战火毁坏、自然破坏等多种原因，大量的城墙消失。

二 北京城的起源和发展

■ 北京地区最早的城池

3000多年前的商周时期，北京地区有两个小国：燕、蓟，分别因为燕山、蓟丘而得名。1962年，北京市文物工作队在房山琉璃河地区进行考古调查时，发现这里有一处商周时期的文化遗址。遗址东西长约3.5千米，南北宽约1.5千米，包括古城址、墓葬区、居住址三部分。城址位于遗址中部的董家林村，考古学家称为"董家林古城"。古城的平面呈长方形，东西长约850米，南北长约600米。北城墙尚存，长约829米，东西城墙残留北半段长约300米。城墙分为主城墙、内附墙和外附坡三部分，主城墙厚约2.7米，现残高0.5~0.6米。墙体用黄土夯实、分段版筑而成。未发现城门的痕迹。城墙外有深约2米的沟壕环绕。董家林古城是现知西周时期两座有城垣的古城之一（另一座是鲁国都城曲阜)。经过多年的考古发掘,结合出土的青铜器物和文献资料,证明它是西周初年燕国的封地所在,即燕国的都城。该城始建年代为西周早期,废止年代当在早中期之交或稍晚,历时300多年。1990年,北京市文物局组织专家经过论证,推算出更为准确的始建年代,是公元前1045年。北京城的历史,就是从这一年算起,到2019年是北京建城3064年。

商周时期与燕国并存的另一个古国蓟国,位于燕国东北约百里。春秋时期,燕国强大,吞并了蓟国,并把都城迁到蓟城。蓟城在哪里?北魏郦道元《水经注》记载:

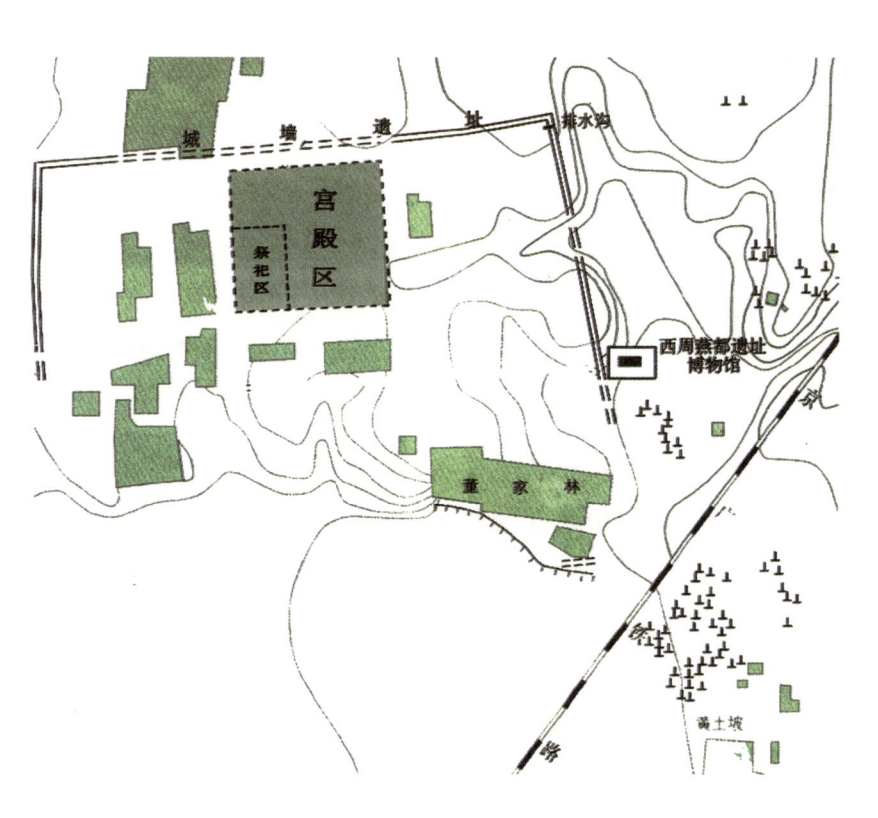

琉璃河西周燕都遗址平面图
资料来源:齐心:《图说北京史》(上册),北京燕山出版社1999年版,第37页。

> 昔周武王封尧后于蓟，今城内西北隅有蓟丘，因丘以名邑也。

也就是说，蓟城的西北角有一座长满蓟草的小山包，蓟城因此而得名。中国著名的地理学家侯仁之先生认为蓟丘位于今白云观西墙外，由此确定蓟城的位置大致在今天北京城区西南的广安门到和平门一带。这片区域曾发现大量战国到汉代时期的古陶井。陶井的密集分布说明这里曾居住有大量的人口。蓟城应该与董家林村的燕都同时期营建，也有3000多年的历史。但令人困惑的是，除了文献记载外，在蓟丘并没有发现战国以前的遗存，蓟城的城墙、城门至今没有找到任何遗存。因此，也有学者认为蓟城不在这里，而应当在今石景山区古城一带，毁于永定河洪水。商周时期的蓟城仍存在许多不解之谜。

■ 秦汉至隋唐时期北京地区的城池

秦灭燕后，蓟城遭到破坏。汉代时，由于军事战略地位重要，蓟城又被修复。东汉至隋唐时期蓟城为幽州州治。考古资料证明，晋以后的蓟城即在侯仁之先生确定的广安门到和平门一带。1965年，八宝山西边500米发现了西晋王俊妻华芳墓，其墓志载"假葬于燕国蓟城西二十里"，由此推断西晋蓟城的西城墙在今天会城门附近。1974年发掘蓟丘在白云观西侧地下发现了叠压在东汉墓葬之上的残城西北角。一直到唐代，蓟城的位置始终没变，城池不断修缮。

唐玄宗开元十八年（730年），幽州东部被划出另置蓟州（今天津蓟县），此后原来的幽州治所蓟城被称为幽州城，仍是北方的军事重镇。唐代幽州城平面为长方形，据《太平寰宇记》引《郡国志》称："蓟城南北九里，东西七里，开十门。"周长约合今 11500 千米。遗憾的是，迄今为止也未发现幽州城的城墙和城门遗迹。

战国至唐代，北京地区还有许多城址遗址保留至今，如蔡庄土城、窦店土城、广阳古城、长沟城址、朱房古城（也称清河古城）、军都古城、安乐古城（也称后沙峪古城）、渔阳古城、狐奴古城、路县古城、博陆城、东燕州城等。这些古城，有的是郡县治所，有的是具有军事意义的边城。城址有一些共同的特点，如多数始建于战国、沿用至汉代甚至唐代；平面都是方形或长方形；城墙均为土筑，一般四面各开一门。以位于房山区窦店镇西窦店土城为例。平面呈长方形，有内、外两重城墙，间距约 20 米。内城墙为夯土所筑，外城墙是堆积的土围。内城东西长 1100 米，南北宽 860 米；外城东西长约 1200 米，南北宽约 960 米。西南角残存城墙长 28 米，高达 8 米，基底宽约 17 米，顶部宽约 2.5 米。东、南、西三面各开一门。城内靠西墙有子城一座，东西长约 400 米，南北宽约 300 米，西墙借用大城城墙，其余三面只有部分遗迹可寻。窦店土城在战国早期为燕中都城，西汉时为良乡县治所。

■ 辽南京城

契丹人建立辽国，都城制度采用了极具北方游牧民族政权特征的"五京制"，即以上京（今内蒙古巴林左旗林东镇）为中心和正式的首都，中京、东京、南京、西京为陪都。南京（今北京）就是唐代的幽州城，因其位于辽国疆域的南部，故称"南京"。

开泰元年（1012年），改"南京"为燕京。"燕京"之名始于此。
辽南京建在唐幽州城的旧址之上。《辽史·地理志》记载：

城方三十六里，崇三丈，衡广一丈五尺。敌楼、战橹具。①

亦有说城周围二十七里。由此可知，辽南京城平面为方形，周长12500米。城墙高三丈，宽一丈五尺，上有用于防御的敌楼、战橹。城墙四面共开八门：

东曰安东（东城墙上偏北之门，简称东北门，下同）、迎春（东南门），南曰开阳（南东门）、丹凤（南西门），西曰显西（西南门）、清晋（西北门），北曰通天（北西门）、拱辰（北东门）。②

城外有护城河，护城河上架有木吊桥。城内西南角修建子城，又称大内，面积约占大城的1/4，周长约2500米。子城的西、南两面墙分别借助大城的西墙和南墙，东北角上设有角楼，称燕角楼。子城四面设门，西曰显西（即大城西城墙南面所辟的门），东曰宣和，北门称子北门，南门称南端门（又叫启夏门）。南门两侧有小门，分别为左掖门（后改称万春门）、右掖门（后改称千秋门）。辽南京城的城墙、城门今基本无存，仅剩下白云观附近的一小段北城墙，以及西护城河（即今广安门外莲花河，亦有学者认为是金代引水沟渠）。

---

①② 《辽史》卷40《地理志》。

金中都

　　1149年金海陵王完颜亮继皇位后，改皇统九年为天德元年，营建南京。贞元元年（1153年）海陵王将都城从上京（今黑龙江阿城）迁往燕京（今北京），改称中都。目前一般认为，此即北京正式建都之始。贞祐二年（1214年）七月金宣宗迁都南京（今河南开封），次年，金中都被蒙古军队攻陷，城池被毁。

　　金中都平面是由大城、皇城、宫城三重城垣相套的格局。大城在辽南京城的基础上向东、南、西三面各拓展1500米，遂呈方形。亦有学者认为北面也有扩展。据著名考古学家阎文儒先

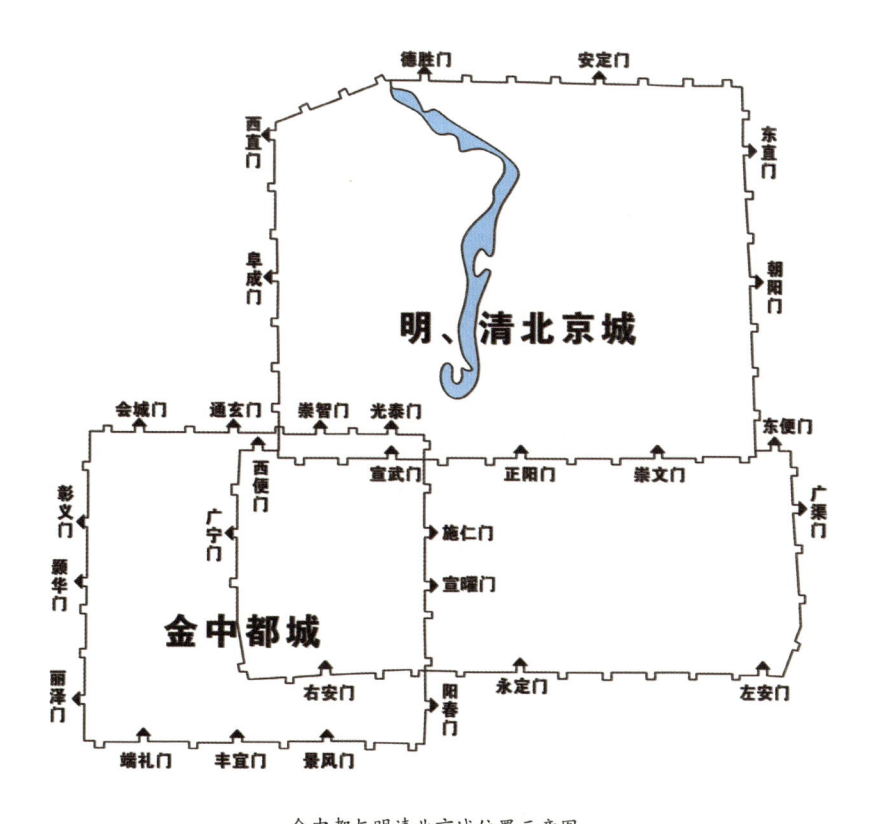

金中都与明清北京城位置示意图

资料来源：根据侯仁之主编的《北京历史地图集》（北京出版社1988年版，第24页）的"金中都"图改绘。

生测量，大城周长 18690 米（其中东城墙约 4510 米，南城墙约 4750 米，西城墙约 4530 米，北城墙约 4900 米）。城墙均为夯土所筑，今仅存四处，分别是：三路居凤凰嘴村的城西南墙角一处，残高 3 米，长约 100 米；万泉寺村的南墙两段；东管头高楼村的西墙一段。大城四面各开三门，东为施仁、宣曜、阳春，南为景风、丰宜、端礼，西为丽泽、颢华、彰义，北为会城、通玄、崇智。城门取名"仁、义、礼、智"说明深受儒家思想影响。此后曾在北城墙东段增设光泰门，但可能在金末时因蒙古军围困中都而又封闭此门。城门建筑今均已无存，仅有地名会城门桥、丽泽桥、丰益桥昭示其曾经的存在。20 世纪五六十年代的金中都考古勘探中，除阳春门、颢华门外，其余 11 座城门的位置都已经被勘探出来。

1990 年 10 月，在丰台区右安门外玉林小区基建施工中，发现了金中都南城墙的水关遗址。水关是古代城墙下供河水进出的水道建筑。它位于凉水河以北 50 米处，残存基础部分，平面呈"】【"形，南北向。遗址全长 43.4 米，过水涵洞长 21.35 米，宽 3.7 米。南北两端的出水口和入水口分别宽 12.8 米、11.4 米。水关建筑整体为木石结构，最下层基础为密植的木桩，整体坚固合理，也符合北宋《营造法式》中"卷輂水窗"的做法。这是目前已发现的最大规模的水关遗址，是确定金中都城址和研究古代水利设施的重要实物，被列为 1990 年全国十大考古发现之一。凉水河由此可以确定为金中都的南护城河。

皇城位于大城的中心，周围九里三十步，四面各开一门。东为宣华门、南为宣阳门、西为玉华门、北为拱辰门。宫城占据了皇城中部和北部的大部，正南门为应天门，左右两侧有掖门。

从汉代的蓟城到金中都 1000 多年的历史里，北京城的发展可以概括为：城址基本不变、城垣逐渐扩大、名称发生变化、地位不断上升。其中，金中都是北京城历史发展中的重要转折，奠定了后世的首都地位。

■ 元大都

1215年蒙古军攻占金中都，毁坏城池，并改称燕京。至元元年（1264年）忽必烈下诏改燕京为中都，定为陪都。由于金中都城残破不堪，因此至元四年（1267年）在金中都的东北另辟新址兴建城池，至元十三年（1276年）建成。至元九年（1272年）时，中都改名为大都（突厥语为"汗八里"，即大汗之城），上都改为陪都。至正二十八年（1368年），明军攻占大都，改大都名为北平。

元大都规划周密严谨，体现了《周礼·考工记》中的都城制度。规模宏大，从外向内有外郭城、皇城、宫城三重城垣，占地约50平方千米。

外郭城平面为南北略长的长方形，周长60里又240步，实测为28600米。南城墙长6680米，在今长安街南侧一线；北城墙6730米，在今北土城西路、北土城东路一线；东西城墙分别长7590米、7600米，与明清北京城的东西城墙位置一致。目前，元大都城墙仅存北城墙及西城墙北端，约12千米。城墙为夯土版筑，基底宽24米，顶宽约8米，高16米。元大都是土城，因此为了加固城墙，在夯土中使用了"永定柱"（竖柱）和"纴柱"（横木）。土城不耐雨水，夏季用苇席覆盖墙体，称为"苇城"，老百姓俗称"蓑衣披城"。元文宗时因担心敌人烧苇攻城，就停止了

"苇城"之法。在西城垣顶部，还曾发现了用于排水的半圆形瓦管，沿城墙走向延续300余米。2002年在海淀区塔院附近的元大都北城垣，文物工作者发掘清理了一座水关遗址。它是在元大都夯土城墙之前预先构筑的。涵洞南北走向，长9.5米、高3.45米，半圆拱形的顶部由3列砖石组成，底部和两侧用石板砌成。涵洞用间隔10~15厘米的铁闸棍做成防范入侵的栅栏。洞外青石板上有题记"至元五年二月石匠作头"。

外城四面共设十一门，东为光熙、崇仁、齐化；南为文明、丽正、顺承；西为平则、和义、肃清；北为健德、安贞。北城垣只开二门，则和风水有关，主要是为了防止"王气"外泄。各门的命名寓意美好，多契合《周易》。如丽正门，取《周易》"日月丽乎天"之意；文明门，取"文明以健""其德刚健而文明"之意；顺承门，取"至哉坤元，万物滋生，乃顺承天"之意；健德门，取"乾者健也，刚阳之德吉"之意；安贞门，取"乾上坎下……安贞吉"之意。

元大都的军事防御功能比较完备。城墙外侧等距离建有墩台，四角有角楼。今建国门外南侧的古观象台，就是元大都东南角楼的旧址。城垣外有护城河。后期，为了加强防御，更进一步完善了城门城墙的防御设施。如元末在外城的土墙外侧包砌了小砖。《元史》卷四十五记载，至正十九年（1359年）十月，元顺帝下诏在各门外增建瓮城和吊桥。1969年拆除明清北京城的西直门箭楼时，发现了包在其内的元大都和义门瓮城城门。门洞内有"至正十八年四月廿七日记"的题记，则和义门瓮城此时已经建成，证明《元史》记载有误。和义门瓮城门残高22米，门洞长9.92米、宽4.62米，内券高6.68米，外券高4.56米。木门已被拆去，仅存承门轴的半球形铁"鹅台"和门砧石。城楼建筑亦被拆去，只余城门墩台和门洞。城台上还有带箅子的石水口、水池及通往木质门额的水道，这些都是专门的灭火设施，用以防范敌人火攻城门。

元大都皇城偏居外城南部，周围16里。皇城四周建红墙，又称"萧墙"，其南面正中门称棂星门。宫城位居皇城内的东部，平面呈长方形，周长9里。城墙砖砌，四角有角楼。共开六门，南墙三门，中为崇天门，左为星拱门，右为云从门；东、西、北墙各开一门，分别为东华门、西华门、厚载门。

雄伟壮丽的元大都，体现了帝都的规制和气魄，是古代都城建设的辉煌之作，也为明清北京城奠定了基础。

三 城池的巅峰之作——明清北京城

明清北京城被称为人类历史上城市建设的无比杰作。1948年，梁思成先生编制了《全国重要建筑文物简目》，其中第一项文物即"北平城全部"，并注明北平为世界现存最完整最伟大之中古都市；全部为一整个设计，对称均齐，气魄之大举世无匹。

这样一座辉煌壮丽的古都，其恢宏大气的城门城墙，经历了岁月沧桑，如今仅存正阳门城楼和箭楼、德胜门箭楼、东南角楼等几处单体建筑。尽管如此，我们仍然能领略到明清北京城的壮美，能够感受到它昔日的荣耀。

■ 明清北京城的营建过程

明清北京城最重要和重大的建设都是在明代完成的，明一代，在元大都的基础上，缩北垣、拓南墙、筑外城，又经历洪武、永乐、正统、嘉靖四个时期，最终形成了由外城、内城、皇城和宫城四重城垣构成的"凸"字形城池。这期间，城墙先后由土城改为包砖，城门外增筑箭楼、瓮城，疏深扩宽了护城河，都是因为军事防御和帝都规制的需要。清代主要是对城垣进行修整，没有进行大规模的改造。

明洪武时期

明洪武元年（1368 年）八月，明将徐达率军攻入元大都。元顺帝不战而逃，城池被完整地保留下来。大都城被改称北平，由都城降为府城。由于城池过大，不利于防守，所以徐达命华云龙在元大都北城垣南五里新筑一道土城垣，为北面第二道城防工事。新筑的北城垣"东西长一千八百九十丈""高四丈有奇，阔五丈"，与其余三面旧有元代城墙的规模"高三丈有余，上阔二丈"相比，明显要高、厚。东、西城墙北边的光熙门、肃清门被废。改北城垣的"安贞门""健德门"为"安定门""德胜门"。城墙外包小砖。

明永乐时期

明成祖永乐元年（1403 年）改北平为北京，北京城始名"北京"。永乐四年（1406 年）筹划迁都北京，次年开始营建宫殿、坛庙。永乐十七年(1419 年)，因为要在皇城前安设五府六部衙门，所以将都城南城垣向南拓展一里多，新建南垣的长度及东、西两垣南伸的长度共计二千七百余丈。并将东、西城垣加高，与北城垣平齐。四面城墙外侧加筑一层大城砖。扩展后的北京仍设九门，将丽正门改称正阳门，崇仁门改称东直门，和义门改称西直门，其余城门名称沿袭旧称。全部营建工作历时15年，于永乐十八年（1420年）末完工。永乐十九年（1421年）定北京为京师。

明正统时期

永乐之后的洪熙、宣德两朝，打算还都南京，北京复称"行在"。明英宗即位后，正式确定北京为京师，不再称行在，大规模修建北京城垣，由太监阮安主持。工程从正统元年（1436年）开始，正统四年（1439年）四月竣工。据明《英宗实录》记载：

> （正统四年四月）丙午，修造京师门楼、城壕、桥闸完。正阳门正楼一，月城中左右楼各一；崇文、宣武、朝阳、阜成、东直、西直、安定、德胜八门各正楼一，月城楼一。各门外立牌楼，城四隅立角楼，又深其壕，两涯悉甃以砖石。九门旧有木桥，今悉撤之，易以石。两桥之间各有水闸。

修缮各城门前，要派工部的官员祭祀各门的门神；城门、城墙完工后，还要告谢司工之神、都城隍之神。正统二年（1437年）十月城楼修缮完工时，文明门改称崇文门，顺承门改称宣武门，齐化门改称朝阳门，平则门改称阜成门。内城九门之名遂定。

正统十年（1445年），在城垣的内壁加砌砖石。

明嘉靖时期

明代北京城多次面临蒙古瓦剌部的入侵。为了加强防御，成化十二年（1476年）、弘治十二年（1499年）、嘉靖二十一年（1542年），屡有大臣提议在京城外加筑外城，但都不了了之。嘉靖二十九年（1550年），嘉靖皇帝命"筑正阳、崇文、宣武三关厢外城（独立于城门之外的小城）"，但因居民稠密、工役繁重，次年诏令停工。嘉靖三十二年（1553年），朝廷决定在京城外四面修筑外城，北面可以利用元大都的北城垣。规划35000米，其中东西长8500米、南北长9000米；设城门11座、水闸2处、水关8处。因工程浩大，南面先行修筑，将正阳门外的大片繁华街区和天坛、先农坛包入。后因财力不支，外城其余部分一直没有再筑。完工的外城长14000米，设七门，由嘉靖皇帝亲自命名。北京城独有的"凸"字形格局由此确立。

嘉靖四十三年（1564年），增筑外城各城门的瓮城。但瓮城上面未设箭楼。

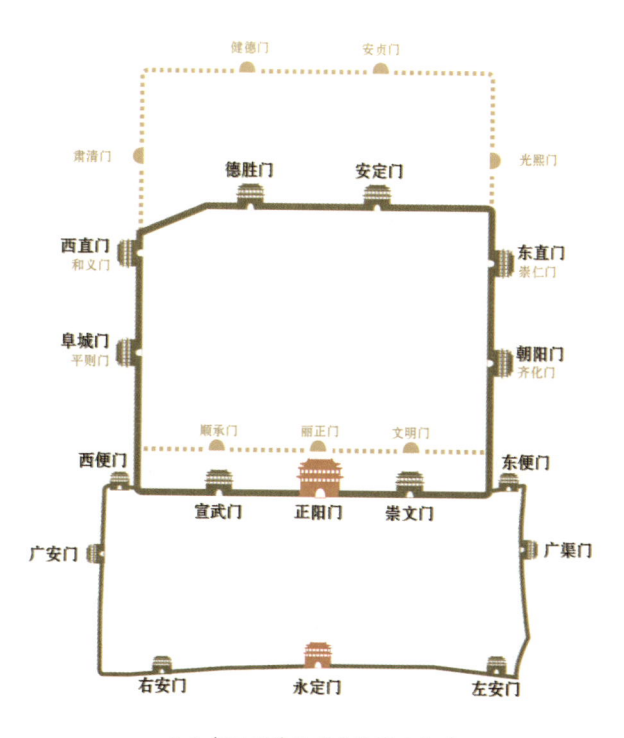

元大都与明清北京城位置示意图

清代

清代对北京城以修缮为主，没有进行大的改动。修缮力度最大的是在乾隆、嘉庆时期。《北京的城墙与城门》的作者——瑞典美术史家奥斯伍尔德·喜仁龙对北京内外城墙进行了详细的考察，认为清代各时期都有记载修缮城墙情况的石碑，其中以乾隆、嘉庆年款的碑刻最多，乾隆在位的60年间和嘉庆在位的25年间各有20多年和10多年修缮城墙的连续记录。

乾隆三十一年（1766年）在外城瓮城上，增建箭楼，北京城门城墙之制至此完备。

值得一提的是，明清城砖的烧造工艺具备相当水准。

营建北京城所用的城砖，分别由运河水流经的河北、河南、山东、江苏等府州县烧造，其中以山东临清最多。据《临清直隶州志》记载"永乐年是岁征城砖百万"，可见当初其烧造规模之大。到嘉靖年间，工部专门在临清设立了工部厂，差官管理并负责集中烧造事宜。《临清直隶州志》详细记载了明代官窑旧砖的样式：一种长一尺五寸、宽七寸五分、厚三寸六分，即48厘米×24厘米×12厘米；另一种长一尺三寸、宽六寸五分、厚三寸三分，即42厘米×21厘米×11厘米。以上两种规格的城砖，也是北京城墙所用最多的。城砖的烧造不仅有十分严格的操作规范，而且还具有很高的制作、烧造技术。

明清时期的城砖上，还有不同时期、不同内容的印文，有记载砖窑字号和窑户姓名的，如"嘉靖三十一年窑户李寄威为南阳府造""万历四十六年窑户刘松作头刘能造""永定官窑新大城砖"；有记载督修官员的，如"工部监督永""工部监督桂"；也有比较简单的砖文，如"正德六年""停泥新城砖""大停细砖"

等。年代上起明成化年间（1465～1487年），下至清代道光年间（1821～1850年）。城砖上的这些印文，具有确保城砖质量、方便日后追溯产品责任人的作用。

当时清政府对城墙修缮的质量管理非常严格。《大清会典》卷七十二"工部"记载得非常清楚，工程竣工后，"均由部勘验坚否，限以三年保固，其验不如式及限内坍损者，令原修官赔修，以示惩罚"。也就是说，工程的保修期为三年，竣工验收不合格，或者保修期内出现坍塌的，要由原来负责修缮的官员自掏腰包重修。清代从乾隆时期开始，每次维修城墙结束时，还要刻一块兴工题记石碑，上面记载维修工程的范围、年代，以及监修官员的名字，然后镶嵌到城墙上。据喜仁龙所著《北京的城墙和城门》一书中的不完全统计，明清北京城的内城周长将近24000米，外城周长约有14000米，内外城的城墙上镶嵌的兴工题记碑总数有几百块，年代集中在清代乾隆、嘉庆、道光、咸丰四位皇帝在位的时期。遗憾的是，历经风雨沧桑，保留至今的兴工题记碑只有两块了，现在德胜门箭楼内展出。其中一块是"乾隆二十七年兴工题记碑"，石碑宽62厘米，高46.5厘米，厚17厘米，上面有阴文楷书的文字：

德胜门西边里面城墙一段自此起往西长十丈五尺正
监督 工部郎中熙 永
乾隆二十七年五月 告竣

另一块则是"咸丰三年兴工题记碑"，石碑宽72厘米，高46厘米，厚17厘米，上面的文字同样是阴文楷书：

补修

德胜门内西里皮

城墙一段计十三丈

督修 工部尚书翁

监督 英 锡

咸丰三年七月 日

据这两块兴工题记碑上记载的维修工程量，一处是十丈五尺整，另一处是十三丈，折算一下只有33.6米和41.6米。就是这样两处规模并不算大的工程，要由工部郎中、工部尚书去督修，工部郎中、工部尚书相当于现在住房和城乡建设部部长、司长这样的高级官员。由此可见古代对工程质量的重视程度。

咸丰三年（1853年）补修德胜门西墙题记碑

■ 明清北京城的结构

明清北京城规划严整，规模宏大，设施完备，既体现了都城的规制和气魄，又是防御严密的军事工事，是中国封建社会都城发展的巅峰之作。明清北京城平面呈"凸"字形，由内到外分别是宫城（紫禁城）、皇城、内城和外城，并分别筑有城墙。除皇城外，其他三重城墙四角均建有角楼，城外均有护城河。

明清北京城垣及城门的布局，均为左右对称。对称轴纵贯内、外城的中央，称为中轴线，许多重要的建筑都在这条轴线上。它始于元代对大都城的规划设计，明清两代继续沿用并发展。明清

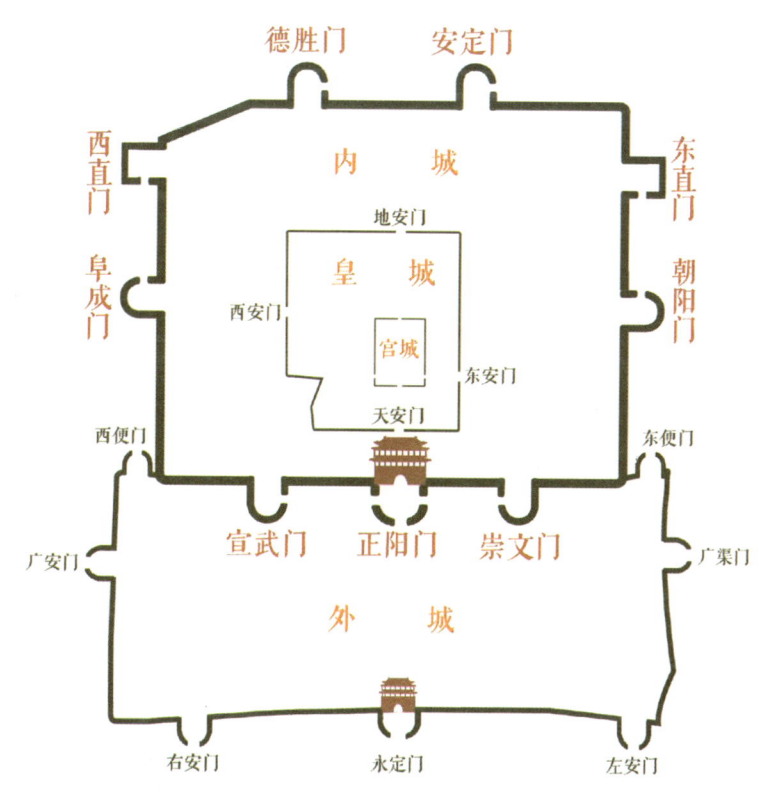

明清北京城垣示意图

北京城的中轴线南起永定门，北至钟鼓楼，直线距离长约7.8公里。建筑大师梁思成先生在《伟大的中轴线》一文里赞美道：

一根长达八公里，全世界最长，也是最伟大的南北中轴线穿过全城。北京独有的壮美秩序就由这条中轴的建立而产生。

内城城垣

明清北京城的内城又被称为"大城""京城"，明初在元大都城垣基础上改建。内城是相对于明嘉靖年间所筑的外城而言。在北京的四重城垣中，最为壮观的就是内城。喜仁龙在著作《北京的城墙和城门》中更是这样赞叹：

纵观北京城内规模巨大的建筑，无一比得上内城城墙那样雄伟壮观……这些城墙是最动人心魄的古迹——幅员广阔，沉稳雄劲，有一种高屋建瓴、睥睨四邻的气派。

内城周长23.3千米。共有城门9座，角箭楼4座，水关7处。城墙外侧有大小墩台173座、雉堞垛口11038个。内侧筑登城马道27对。

北垣长6790米。因其要正面迎击来自北方游牧民族的侵扰，所以四面的城墙最高、最厚。外侧高11.9～11.92米，内侧高9.2～11米。城墙基底厚24～24.72米，顶宽17.6～19.5米。北垣设二门，东为"安定门"，西为"德胜门"。德胜门西有水门一座，是内城水源的进水口。

南垣长6690米。高、厚仅次于北垣。外侧高11.1～12.12

米，内侧高 10.72～11.08 米。基底厚 18.48～20.4 米，顶宽 14.8～16.1 米。设三门，正中为"正阳门"、东为"崇文门"、西为"宣武门"。水关 4 座，分别位于崇文门东、正阳门东西两侧、宣武门西。

东垣长5330米。外侧高11.1～11.4米，内侧高10.48～10.7米，基底厚16.9～18.1米，顶宽11.3～12.3米。东垣设二门，北为"东直门"，南为"朝阳门"。水关2座，分别位于东直门南、朝阳门南。

西垣长4910米。外侧高10.3～10.95米，内侧高10.1～10.4米。基底厚14.8～17.4米，顶宽11.5～14米。设二门，北为"西直门"，南为"阜成门"。

内城城垣内为夯土芯，内、外两侧均以条石为基，上砌城砖，

内城西北角城墙鸟瞰（1946年）

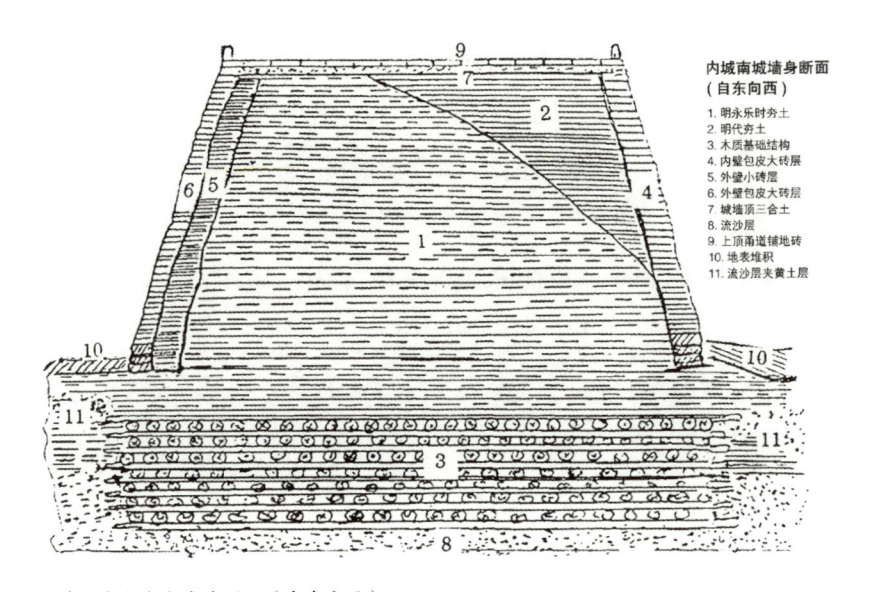

内城南城墙身断面
（自东向西）
1. 明永乐时夯土
2. 明代夯土
3. 木质基础结构
4. 内壁包皮大砖层
5. 外壁小砖层
6. 外壁包皮大砖层
7. 城墙顶三合土
8. 流沙层
9. 上顶甬道铺地砖
10. 地表堆积
11. 流沙层夹黄土层

明清北京内城南城墙剖面（自东向西）
资料来源：根据苏天钧主编的《北京考古集成7》（北京出版社2000年版，第11页）的"内城南城垣墙身断面示意图"改绘。

因为屡经修缮，城墙外包的城砖最多达四重。城垣顶面海墁城砖，外高内低，外侧砌雉堞垛口，内侧砌女儿墙，女儿墙下有泄雨水沟眼。不同时期烧造的城砖有差别。明初城砖为元代式样小薄砖，长29厘米，宽14.5厘米，厚4厘米。明宣德、洪熙年间始用大城砖，明代大城砖长48厘米，宽24厘米，厚13厘米。清代城砖长48厘米，宽25厘米，厚12.5厘米。在地下有流沙层的地方，城墙地基中纵横交错、相互叠压15层长6~8米的圆松木，彼此间用铁扒钉连接为一个整体。

外城城垣

北京的外城是与内城南面相接的重城，也称"南城"。在地图上外城的形状好像内城之帽，俗称"帽子城"。它的历史比内城东西垣晚了近300年，比内城南北垣也晚了近200年。与内城相比，外城无论是城墙高厚，还是城、箭楼规制，都低矮简陋。内、外城的城墙高度不同，在衔接处建碉楼以过渡。

外城城墙周长 14.41 千米。共有城门 7 座，角箭楼 4 座，水关 3 座。城墙外侧有墩台 63 座，内侧筑双向登城马道 10 对，单向马道 6 条。

外城南垣长 7854.2 米。外侧高 6.18 米，内侧高 5.62 米，墙体基底厚 11.8 米，顶宽 9.9 米。外侧雉堞高 1.72 米，内侧女儿墙高 1 米。南垣辟三门，中为"永定门"，东为"左安门"，西为"右安门"。

外城东垣长 2800 米。外侧高 7.15 米，内侧高 5.8 米，基底厚 13.3 米，顶宽 10.4 米。雉堞、女儿墙高度同南垣。东垣中部偏北辟"广渠门"。

外城西垣长 2750 米。外侧高 7.68 米，内侧高 6.4 米，基底厚 13.8 米，顶宽 10.4 米。西垣中部偏北设"广宁门"（清朝因为避讳道光皇帝的名字旻宁，改称广安门）。

外城东部北垣长 510 米。外侧高 7.15 米，内侧高 5.8 米，基底厚 13.3 米，顶宽 10.4 米。辟"东便门"。西端与内城东南角衔接处，建碉楼（东铺楼）1 座，为内、外城垣之防御及通道。东便门东、西两侧各有水关 1 座。

外城西部北垣长 495 米。外侧墙高 7.15 米，内侧高 6 米，基底厚 15 米，顶宽 11 米。辟"西便门"。东端与内城西南角衔接处建碉楼（西铺楼）1 座，形制与北垣东侧之碉楼同。东、西铺楼有时也被算为角箭楼。西便门东侧有水关 1 座。

与内城一样，外城城垣内为夯土芯，条石为基，外包砖石，顶部海墁一层大城砖。外城包砖有大小两种。城垣内侧多用长 30

厘米、宽15厘米、厚5厘米的明代小砖；城垣外侧明砖多为嘉靖、万历时砖，长48厘米、宽24厘米、厚13厘米；清代城砖则多为乾隆、嘉庆时期，规格为长48厘米、宽25厘米、厚12.5厘米。

皇城城墙

皇城是保护宫城（紫禁城）而在其外修筑的城墙。皇城内大部为苑囿、庙宇、内务府衙署、库藏、局作，都专为皇家服务。平民百姓不得居住。清代始有极少数王公、公主府第及御赐住宅。

皇城始建于明永乐十五年（1417年），墙体位置较元代萧墙向外扩展，呈不规则方形，西南因避让庆寿寺而缺角。明代皇城周长约9000米，东墙长2150米，南墙长1770米，西墙长2644米，北墙长2460米。清代皇城周长扩为11000米左右。墙体用城砖砌筑，抹麻刀灰，涂红土，顶覆黄琉璃瓦。墙体高6米，基底厚2米，顶厚1.7米，皇城四面各开一门，分别为天安门、地安门、东安门、西安门。天安门前筑"T"形广场，两侧为千步廊，南端为大明门（清代改称大清门，民国改称中华门）。天安门前方左右两侧，分别设长安左门、长安右门，取"长治久安"之意。

宫城城垣

宫城，即皇宫、大内，也称紫禁城，先后居住过明清两代24位皇帝，清朝灭亡后称为故宫，至今保存完整。宫城平面为长方形，周长3428米，其中南北长961米，东西宽753米。墙体内外侧各用四进砖，约2米厚，内实夯土。城墙高约10米，墙基厚8.62米，顶阔6.66米。城垣顶部海墁城砖，外侧筑高1.34米的雉堞垛口，内侧筑女儿墙。城墙四面各开一门，南为午门，北为神武门，东为东华门，西为西华门。城墙四角各有一座设计精绝，造型独特的角楼。东、西、北垣外距城墙基底约 16~20 米的地方有护城河（筒子河），河宽 52 米，深 4.1 米，总长 3300 米，南垣午门外的水道则为暗沟。

■ 明清北京城的城门

城门的构造

城门作为中国古代城市的军事防御建筑，历经数千年的发展，形制日趋完备。城门实际是一组防御建筑的总称，一般包括城楼、箭楼、瓮城、闸楼、千斤闸。明清北京内城九门，外城七门，因为其主要作用是防御外敌进攻，所有的设施一应俱全。而宫城（紫禁城）、皇城只有城门楼。城门与城墙、护城河一起，构成了点线面结合、完整而强大的军事防御体系。

阜成门城楼
（1917~1919 年，西德尼·甘博（Sidney D.Gamble）拍摄）

德胜门箭楼（1917~1919年，西德尼·甘博（Sidney D.Gamble）拍摄）

　　城楼供守城将领登高瞭望，指挥作战。箭楼用于对外防御射击。很多人分不清城楼和箭楼，如位于北二环的德胜门箭楼就经常被错叫作"德胜门城楼"。从位置上看，城楼坐落在城门之上，就在主城墙上；箭楼是为了保护防守最为薄弱的城门，建在城门和城墙的正前方，用瓮城城墙与主体城墙连接起来。城楼和箭楼最明显的区别是外观：城楼是阁楼式，四面均开门，无箭窗；箭楼是堡垒式，只有朝向城里的一面开门，朝向城外的三面均开有箭窗。城楼下面肯定有门洞，内城九门中，只有正阳门箭楼有门洞，仅在皇帝出入时开启。其余八门箭楼是为了防御而不是出入，所以下面没有门洞。外城七门箭楼下均有门洞，原因是外城城门规制较低，不设闸楼和闸门。

瓮城是在城门外侧砌筑的圆形或方形小城，将城垣、门楼、箭楼、闸楼连为一体，形成对城门的保护屏障。守城人员在城上居高临下，可对攻入瓮城的敌人形成"瓮中捉鳖"之势。

　　闸楼是修建在瓮城之上的军事防御设施，下设券门，供官民车马进出城池，门洞上方置千斤闸。

　　千斤闸是依附于楼体的军事防御设施，安装于箭楼和闸楼门洞上方，可以上下开启。开闸时，闸门升至门洞以上城台内闸槽中；关闸时，闸门从闸槽中平稳落下，在城门的前方形成了又一道防御屏障。

"内九外七皇城四"

　　明清北京城的城门很多，"内九外七皇城四"是老百姓对内城、外城和皇城大门数量的高度概括。

　　内城九门，是指正阳门、崇文门、宣武门、朝阳门、阜成门、东直门、西直门、安定门、德胜门。

　　外城七门，是指永定门、左安门、右安门、广渠门、广宁门（广安门）、东便门、西便门。

　　皇城四门，一般是指天安门、地安门、东安门、西安门。但事实上，皇城的门并不是四座。清嘉庆《大清会典》记载"皇城，其门有七"，其余三门指大清门、长安左门和长安右门。

　　宫城辟四门，分别为午门、神武门、东华门、西华门。午门和天安门之间还有一座端门。

九门之首——正阳门

　　正阳门是明清北京内城的正南门，坐落于北京城的中轴线上，

1915年改建前的正阳门全景

位于宫城和皇城的正前方。其显要的地理位置，使其在封建帝王时代，除具有城门的军事防御和交通往来的功能外，还兼有内向"仰拱宸居"、外向"隆示万邦"之用，因而成为一座礼仪之门。命名"正阳"，是取"圣主当阳，日至中天，万国瞻仰"之意。正阳门城楼、箭楼、瓮城、闸楼及护城河上的石桥、牌楼等各部分的规制均高于内城其余八门，地位尊崇。显然，正阳门地位为九门之首。

正阳门城楼为重檐歇山三滴水楼阁式建筑，屋顶为灰筒瓦，绿琉璃瓦剪边。面阔7间。连廊通宽41米，进深3间，连廊通进深21米。上、下两层四面均开门，二层外有回廊。城楼坐落在砖砌城台上，下有拱券式门洞。正阳门城楼连同城台通高43.65米，在各门的城楼中最为高大。

正阳门箭楼为重檐歇山顶堡垒式建筑，屋顶为灰筒瓦，绿琉璃瓦剪边；面阔7间，北出抱厦5间，上、下四层，通高35.37米，在京师各门的箭楼中最为高大。箭楼下开拱券式门洞，设有双重大门，内侧为普通对开大门，外侧是可以升降的闸门（即千斤闸）。内城九门中，只有正阳门箭楼辟有门洞，专为皇帝出行而设，只

有在皇帝祭天或出巡时才开启。正阳门箭楼千斤闸门板为铁皮包实木，布满加固铁钉，闸门宽 6 米，高约 6.5 米，厚 9 厘米，重约 1990 公斤，主结构保存完整，是我国现存最大的古城闸门。

内城九门中，正阳门瓮城规模最大，平面形状大致呈长方形，南北长 108 米，东西宽 85 米，南端二角抹圆。正阳门瓮城上修筑闸楼二座，分别位于瓮城的东、西两侧。其余的内城瓮城上均只设一座闸楼。外城七门的瓮城都没有闸楼。正阳门闸楼面阔三间，单檐歇山小式，屋顶为灰筒瓦，绿琉璃瓦剪边；闸楼外侧正面设箭窗二排共 12 孔，内侧正面辟过木方门，门两侧各开 1 方窗。闸楼之下开券门，券门内有"千斤闸"。

明清时北京内城的九座瓮城内都建有庙宇。除德胜门、安定门庙宇供奉真武大帝外，其余均供奉关帝。正阳门瓮城内，建关帝庙和观音庙各一座。关帝庙建于明代万历年间，香火非常兴盛；观音庙始建年代无考。

正阳门建成后历经兵灾火毁，现存城楼、箭楼为 1903~1907 年袁世凯主持重建的。1915 年，为改善交通，民国政府委托德国人罗思凯格尔制定箭楼改建方案，拆除了瓮城；修建了"之字形登城马道；城台东西两侧添建了欧式"绶带悬章"造型各一尊；城台上箭楼外部增建了一圈仿汉白玉的水泥露台；一、二层箭窗上添加了弧形遮檐，即为现状。1988年，正阳门被公布为全国重点文物保护单位。1991年对公众开放。

正阳门与前门的关系

明清时期，正阳门和前门都是指包括城楼、箭楼、瓮城、闸楼在内的一组完整的建筑。正阳门是官方的正式称谓，因为其位于紫禁城与皇城的正前方，所以老百姓俗称其为前门。前门的称呼既直观形象，又饱含着亲切和亲昵的情感。

清末京奉、京汉两铁路正阳门站建成后，原本就很繁华的正阳门周边人流、车流更加密集。为缓解交通拥堵，1915年正阳门瓮城被拆除，城楼和箭楼分成了两个独立的单体建筑。正阳门箭楼经过改建，中西结合的风格独特而鲜明，成为老北京城的象征之一。此后百姓再提到"前门"时，多专指正阳门箭楼，"前门"一词的名气也越来越大，如今许多人只知道前门而不知道正阳门。

现在，"前门"一词也被用作地名，泛指以正阳门箭楼为中心的一片区域。

古代行人进出城的规矩

明清时期，由于城门外还有瓮城，加上严格的礼仪制度，因此进出城并不像现在这么简单和轻松。

从外城七门进京，可以上石桥，穿过瓮城门洞、瓮城、城门洞，就到了外城里面了。

如果从正阳门进内城，要走石桥的两侧，绕到瓮城东、西两侧，

进出正阳门路线示意图

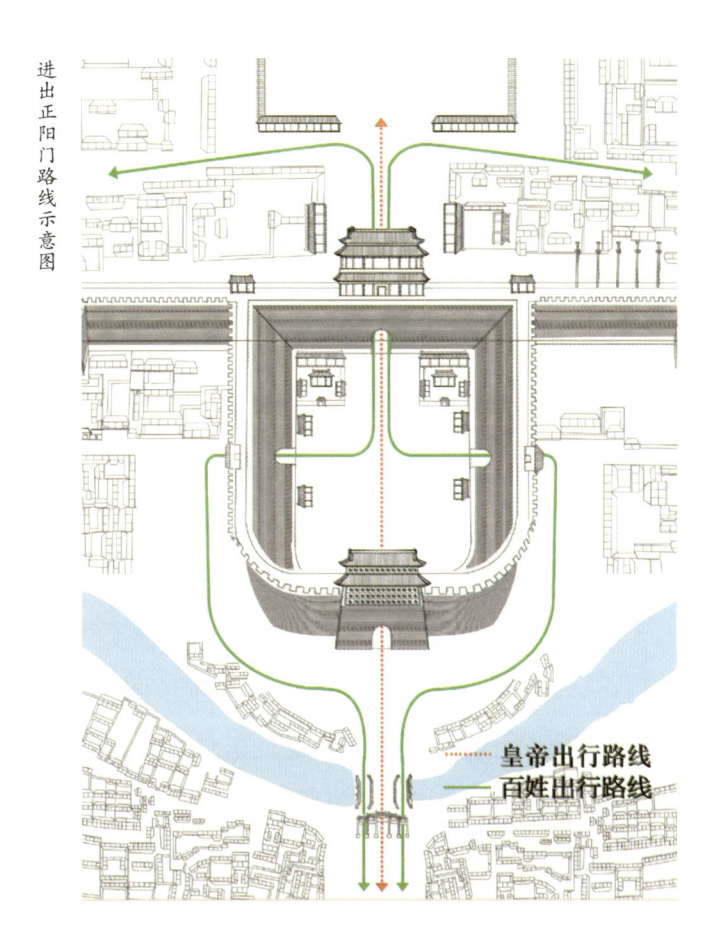

········ 皇帝出行路线
——— 百姓出行路线

穿过闸楼门洞、瓮城、城门洞，才能进入内城。石桥中间一道和箭楼门洞在封建社会只能皇帝走。

德胜门等其余内城八门，只在瓮城一侧设闸楼、辟门洞，供行人通行。

过去普通老百姓只能进到外城和内城，进不了皇城和宫城。如果拉了货物想进城去卖，在城门口还得先交税。

古代城门启闭均有一定时刻。一般是酉时（17∶00）关，卯时（7∶00）开。城门关闭后若有要事紧急出入，则需有谕旨或特制门符。门符由铸有凸、凹文字的两扇符牌组成，分别保管在步军统领和城门领处，宵禁后城门领见到阳文（凸字）符牌，需拿阴文（凹字）符牌勘验，完全吻合后方可放行。城里实行"夜禁"，晚上一更三点到五更三点（20：12~次日6：12）禁止行人走动。主要路口都有栅栏拦着、兵丁看守，如果犯夜禁被抓住，就得挨板子。

古代车辆的行走规矩——九门走九车

明清时期北京内城各门因位置关系，各有"交通分职"。民间有俗语称"九门走九车"。但这些都是老百姓的说法，并没有官府的强制规定。

正阳门走龙车。九门中唯独正阳门箭楼下开设了城门，但此门只在皇帝出入时才开启，因而有"正阳门走龙车"之说。另外，封建帝制时代正阳门不允许丧葬灵车通过。

崇文门走酒车。崇文门自明弘治六年（1493年）起就设立税关，因而被称为"税门"。过去北京东南郊外酿酒作坊众多，酒车从崇文门缴税进城。

宣武门走囚车。清代菜市口刑场在宣武门外，犯人经刑部核定死刑后，囚车出宣武门行刑，故此门又称"死门"。

朝阳门走粮车。明清两代南方粮食经京杭大运河运抵北京，在通州装车后从朝阳门进城。故此门俗称"粮门"。

阜成门走煤车。京西门头沟产煤，阜成门是京西运煤进城的主要通道，故有"煤门"之称。

东直门走木车。明清时期东直门外多砖窑。城内所需砖瓦和木材，主要由此门运入。故东直门俗称"木门"。

西直门走水车。北京城内水质不佳，皇宫用水皆取自玉泉山。

"圣旨开阜成门"门禁符（现藏首都博物馆）

每天清晨水车从西直门入城，故西直门俗称"水门"。

德胜门走兵车。德胜门是京师通往塞北的重要门户，素有"军门"之称。战争讲究"以德胜人""德胜"本意是道德胜利，又谐音"得胜"，所以将士出征必走此门。而军队凯旋走安定门，寓意战事已毕，天下安定。另有一说出征走安定门，祈求安定四方；凯旋走德胜门，意思是得胜归来。其实，即使是出征这样的大事，过去也没有明确和强制规定必须走哪个门。因为过去主要的作战对象是北方的游牧民族，所以出兵、凯旋走北边的两个门最方便。过去，在德胜门和安定门之间的城外，还有一个大校场，便于部队的集结。

安定门走粪车。地坛附近是北京的主要粪场，粪车多从安定门出入。

■ 城垣的其他附属设施

除了城墙墙体和城门外，城墙上的角楼、墩台、雉堞、女儿墙、铺舍房、马道、水关及城墙周围的护城河等设施，其建设都具有很强的军事防御目的，现多已不存。

角楼

角楼称为"城垣角箭楼"。明清北京内、外城垣的四角均建有角箭楼（简称角楼），弥补城墙拐角处的防御薄弱环节。内城东南角楼保存完好，已经辟为明城墙遗址公园。外城角楼规格比内城角楼低。

墩台

墩台也叫马面，是凸出城墙外侧的方形墩台。既增强了墙体的牢固性，也扩大了攻击范围。守城时，相邻两座马面和城墙组成了交叉火力网，可以居高临下，三面射杀来犯之敌。

雉堞

雉堞是沿城垣顶部外侧修筑的矮墙，筑为齿状，俗称垛口。在守城作战时，既能保护士兵，也便于对外瞭望和射击。

女儿墙

沿城垣顶部内侧修筑的矮墙，亦称女墙，作用是防止守城士兵失足摔下城墙。

铺舍房

铺舍房是铺城墙顶上的房屋，供守城士兵休息或存放武器械具。明代称为铺舍房，清代称为堆拨房。基本上每座马面之后的城墙顶部都筑有一所铺舍房。

马道

马道是供士兵及马匹、车辆上下城墙用的斜坡道，附贴在城墙内侧墙体上。北京内城的马道左右成对，共27对（54条）。外城登城马道不全是成对修筑的，有的地段仅修一条。

水关

水关也称水门，是在城墙墙体下部开辟的、沟通城内外水流的通道。内城有水关7座，外城有3座。在水关底面的城砖层之下铺多层石块，最下面还有很厚的三合土夯层，防止渗水浸泡城墙基础。关中设2~3排铁栅栏，并有军士看守维护。

护城河

护城河是城墙外开凿的人工河，既有防御功能，也具城市排水和漕运作用。内城护城河较外城深而宽。明代北京城的主要军事威胁来自北方，因此，内城的北护城河更深更宽。箭楼外的护城河上建有石桥。九门中，正阳门外石桥规模最大，桥面分三路，中间一路为御道。

此外，明清北京内城九门外护城河的石桥前方，均建有牌楼，以壮观瞻。其中，正阳桥外的牌楼规制最高，因其建筑样式为五间、六柱、五楼，故得名五牌楼。

结语

北京是一座有着深厚历史积淀的古都,其文化内涵丰富、承载了百姓心中无数美好的记忆。梁思成先生在《关于北京城墙的存废》论道:"这个城墙由于劳动的创造,它的工程表现出伟大的集体创造与成功的力量。这环绕北京的城墙,主要虽为防御而设,但从艺术的观点看来,它是一件气魄雄伟,精神壮丽的杰作……它不只是一堆平凡叠积的砖堆,它是举世无匹的大胆的建筑纪念物,磊拓嵯峨、意味深厚的艺术创造。无论是它壮硕的品质,或是它轩昂的外像,或是那样年年历尽风雨甘辛,同北京人民共甘苦的象征意味,总都要引起后人复杂的情感的。"让我们了解北京的城墙城门,感受到北京"文化之都"的魅力,珍爱历经沧桑留下的珍贵文化遗产。

参考文献

1. 齐心:《图说北京史》(上册),北京燕山出版社1999年版。
2. 侯仁之:《北京历史地图集》,北京出版社1997年版。
3. 中国科学院考古研究所元大都考古队、北京市文物管理处元大都考古队:《元大都的勘查和发掘》,载于《考古》,1972年第1期。

北京明十三陵之首——长陵

/胡汉生

在首都北京的昌平区境内有一处占地面积达80余平方公里的明代帝王陵寝区域，这就是位处天寿山麓闻名世界的明十三陵。明十三陵埋葬着明朝第三位皇帝明成祖朱棣及其子孙后代共计13位皇帝以及他们的皇后。陵寝名称按营建时间的先后顺序，依次为长陵、献陵、景陵、裕陵、茂陵、泰陵、康陵、永陵、昭陵、定陵、庆陵、德陵、思陵。其中，明成祖朱棣的长陵是十三陵中的第一座帝陵，它位于天寿山主峰之前，不仅营建时间最早，而且建筑规模最大、保存得也最为完整。

长陵的墓主是明成祖朱棣，他是明朝第三代皇帝，明太祖朱元璋的第四个儿子。生于元至正二十年（1360年）四月十七日，明洪武三年（1370年）四月七日，朱棣被封为燕王，洪武十三年（1380年）三月十一日，朱棣就藩北平。后来，朱棣在叔侄的皇权争夺中获胜，于建文四年（1402年）六月十七日在南京即皇帝位，次年改元永乐。所以，人们又称他为永乐皇帝。他在位共22年，永乐二十二年（1424年）七月十八日，病逝于北征回师途中。明仁宗给他上谥号为文皇帝，庙号太宗。十二月十九日葬长陵。嘉靖十七年（1538年）九月，庙号又改为成祖。

朱棣在明代是个比较有作为，颇具雄才大略的皇帝。他在位期间，迁都北京、下令编辑《永乐大典》、派遣"三保太监"郑和远航西洋各国，做了许多青史留名的大事。

成祖的皇后是仁孝文皇后徐氏。她是明朝开国元勋魏国公徐达的大女儿。洪武九年（1376年）徐氏被册封为燕王妃，朱棣即位，封为皇后。永乐五年（1407年）七月四日徐氏去世，享年46岁。永乐十一年（1413年）二月，葬入长陵。

长陵的营建始于永乐七年（1409年）五月八日，武义伯王通奉命督率军民工匠动工营建。负责工程设计和管理的工部官员是尚书吴中。永乐十一年（1413年）正月，工程浩大的玄宫建成，命陵名为"长陵"。皇后徐氏的棺椁从南京宫殿启运。二月丙寅十七日（1413年）安葬陵寝于地宫之内。永乐十四年（1416年）三月初一，长陵祾恩殿建成，赵王朱高燧奉命将徐皇后的神位安奉在殿内。宣德二年（1427年）三月，陵园殿宇工程大体告竣。至此，前后用了近18年的时间陵宫的主体建筑才基本告成，耗费白银多达800余万两。此后，正统初年（1436~1438年）又陆续修建陵园神道墓仪设施，历时近30年，陵园建置基本完备。嘉靖年间又增建了神道大石牌楼（石牌坊）及陵宫内的龙趺碑亭。如果算上这两座建筑，则长陵的营建跨时130余年。

长陵的陵寝建筑由神道前导建筑和陵宫建筑两部分组成。

十三陵分布图

一 曲折幽深的神道建筑

长陵的神道总长约7.3公里，明朝时由南向北（北达于陵门）依次建有石牌坊、三空石桥、大红门、长陵神功圣德碑亭、石像生、龙凤门、南五空桥、七空桥、北五空桥等一系列神道墓仪设施及桥涵建筑。现除三空桥、七空桥已残坏外，其余建筑均保存较好。

石牌坊，位于神道的最南端，是陵区入口的第一座建筑。建于明嘉靖十九年（1540年），是目前我国营建时间最早和建筑等级最高的大型仿木结构的石牌楼。因此坊系明世宗朱厚熜为旌表祖先的丰功伟绩而建造的功德牌坊，故明朝时谒陵官员到此都要下舆改乘马前行，以示对祖先的尊崇。坊体以白石及青白石料雕琢组装而成，形制仿木构牌楼。面阔为5间（通阔28.86米。其中明间阔6.46米，次间各5.94米，稍间各5.26米）。顶部有主楼5座、夹楼4座、边楼2座。明朝时牌坊上曾经油饰有彩画。

但是随着岁月的流逝，常年的风剥雨蚀，大部分彩画已经消失，现在仅能在门框上的雀替部位看到一些彩画的痕迹。这座牌坊不仅形体高大、雕琢精细，而且各部位比例协调适度，堪称是我国石构牌坊中的杰作。特别是其位置的经营尤其具有艺术的深意。其北，牌坊的中门门洞正对天寿山的主峰，其东西两侧又有龙虎二山的余脉蜿蜒而来左右映衬，形成了极佳的景观效果。然而，此牌坊设置的初意，却完全是出于风水上的考虑。所以，清初学者梁份在《帝陵图说》中曾做过这样的解释：

天寿山势层叠环抱，其第一重东西龙砂欲连未连，坊建其中以联络之，以青乌家言，非直壮美也。

石牌坊

大红门

　　石牌坊北 1.25 公里处为陵区的总门户——大红门。此门坐落在陵区南面的龙山和虎山之间的一个高岗地上。其制为单檐庑殿顶，黄琉璃瓦，下承石雕冰盘檐，是一座宫门式的建筑，所以现在人们也称它为大宫门。檐下门垛面宽 37.85 米，进深 11.75 米，红墙，下辟券门三洞。根据文献的记载，这三个券门各有不同功用：中门为帝后梓宫（棺椁）、神御物等经由之门，左门（东门）为皇帝谒陵所经之门，右门（西门）则为大臣们谒陵时进入陵区所经之门。这是明孝陵及天寿山陵区共同奉行的礼制规定，它体现了我国古代"居中而尊"以及"尚左"的礼制观念。

　　大红门的两侧，明朝时曾设有红墙，随岗地的坡度分三次递减高度，并与龙虎二山连成一体。红墙之下设有左右掖门以通人行。但是，在我国的封建社会，帝王的尊严至高无上，陵区被视为神圣的禁地，不仅老百姓不能随便出入，即使是朝廷命官到此谒陵，也不能随意出入，还要下马步入陵区。故门前左右至今矗

下马碑

立着明代所立的"下马碑"(也称"下马牌")。两碑各高 5.32 米,正反两面刻"官员人等至此下马"八个大字。明人张循占描述道:

> 华表双标白玉栏,红门下马驻银鞍。朝霞照耀青袍色,翠滴松楸碧殿寒。

正是昔日陵区神圣威严的真实写照。明代中期以后,每遇陵园祭祀,还有昌平镇守总兵官身着戎服,率兵 12000 人在大红门前跪迎神帛、祭物及谒陵官员。大红门之左还设有径约五尺的大铜锣,敲击时，声震山谷。

大红门北约600米的地方，是长陵的"神功圣德碑亭"。此亭平面为正方形，四面各辟券门。明朝时，碑亭的上顶也是木质梁架结构。乾隆五十年（1785年）清廷修缮明十三陵时，督理此项工程的协办大学士吏部尚书刘墉、工部尚书金简等人，鉴于该碑亭"已坍塌不堪，仅有墙基"[1]的情况，初拟"将所存墙框拆去，周围砌石栏"。[2]后来他们发现永、定二陵明楼为石券顶（实际为砖券顶，其勘查情况有误），"至今并未倾圮"，[3]遂决定将此碑亭的顶部亦改为石券顶结构，以便持久。现亭内乾隆年间所构石券顶保存完好，的确对碑亭的持久延续起到了良好作用。

碑亭之内，树有长陵神功圣德碑。碑为青白石雕成，通高7.91米。碑首有6条首尾交盘、头部下垂的浮雕龙。碑趺是一个昂首远眺的大龟。龟下有长方形的石台（土衬石），上刻水波漩流。这种碑式，在唐代以后，历代都有遗存。《大明会典》[4]称其形制为"龟趺（fū）螭（chī）首"。螭，在古代文献中又名螭虎，是传说中的神物。明陆容《菽园杂记》卷二曾有"螭虎，其形似龙，性好文彩，故立碑文上"的说法。

在古代文人著述或营造书籍中还有其他说法。明徐应秋《玉芝堂谈荟·龙生九子》引李东阳《怀麓堂集》记载，龙生九子不成龙，各有所好，"霸下，平生好负，今碑座兽是其遗像"；"赑屃（bì xì），平生好文，今碑两旁文龙是其遗像"。此外，清阮葵

---

[1][2][3] 中国第一历史档案馆藏《内务府来文·陵寝事务·臣金·臣曹、臣德谨奏为敬陈查勘诸明陵·情形仰祈圣鉴事》。
[4] ［明］申时行、赵用贤等：《大明会典》，商务印书馆1936年铅印本。

长陵神功圣德碑亭

生《茶余客话》卷二十《龙生九子》又有另外说法：

龙生九子，一曰赑屃，形似龟，喜负重，今碑下龟趺是也。

除此之外，在古代的营造书籍中又称碑上的龙为赑屃，碑下的龟为鳌。宋李诫《营造法式·石作制度》记"赑屃鳌坐碑之制，其首为赑屃盘龙，下施鳌坐"。鳌是传说中海里的大龟，有翻江倒海的本领，用它驮碑，不成问题。清《营造算例》称刻龙的碑首为屃头，龟形碑座则称为龟蝠。

碑首的正面，中心部位有篆额天宫，刻"大明长陵神功圣德碑"。碑身刻明仁宗朱高炽为其父成祖朱棣撰写的碑文。碑文书丹者，系正统初著名书法家程南云。文献记载，他是江西南城人，"颇读书，精篆、隶、行书"，"四方求其书者无虚日"。因善书，参与《永乐大典》的纂修。授中书舍人，后升吏部稽勋司郎中，兼翰林侍书，供职内阁。历官至太常卿，天顺二年（1458年）去世。所书此碑，结构严谨，笔力遒健，确系一件难得的书法佳作。

碑的其余三面原无文字，清代又添刻了一些碑文。背面，刻清高宗御制诗《哀明陵三十韵》。左侧刻乾隆五十二年（1787年）御制诗，右侧刻清仁宗嘉庆九年（1804年）的御制文。

碑亭前后各有一对高大的白石华表。这四座华表各高10.81米，对称而设。它们既是陵墓前的标志之一，又是碑亭前后的石雕装饰物。四座华表的形制相同，基座均为平面呈八边形的须弥座。其上下枋和束腰部位均雕有精致的云龙图案。其座上的华表柱亦为八角形，但棱角处较为圆浑，四柱各雕有萦绕柱身盘旋而

石华表

上的升龙及云朵。柱的上部各穿有一块云形石板，顶部则雕圆盘，盘上各雕一昂首长嘶的神兽——蹲龙。

这四座华表在明朝文献《大明会典》中还被称为"擎天柱"。据考，这种石雕物的原型可以追溯到传说中的尧舜时代。据说，尧舜时期曾于交通要道设置"诽谤之木"。但是，那时所说的"诽谤"，并不是无中生有，诬蔑中伤，而是让人们在朝廷设置的形如华表的木架上面写谏言，以供王者采纳。所以，《淮南子·主术训》有"尧置敢谏之鼓，舜立诽谤之木"的说法。《后汉书·杨震传》也记载："臣闻尧舜之时，谏鼓谤木，立之于朝。"而这种"诽谤木"恰是华表造型的雏形。其中，石柱相当于竖立的木柱，石刻的云板则相当于交于柱头上的横木。

碑亭的北面是排列长达800米的石望柱和石人石兽。这些石雕装饰，古代又名为"石像生"，其设置的目的是表饰坟垄，象征死者生前仪卫，同时又有"保护"陵园的象征意义。

陵前置石像生，据说早在秦汉时代已经开始，此后历代帝王、重臣沿用不衰。只是数量和取象不尽相同。唐人封演《封氏闻见记》卷六"羊虎"条记：

> 秦汉以来，帝王陵前有石麒麟、石辟邪、石象、石马之属，人臣墓前有石羊、石虎、石人、石柱之属。皆所以表饰坟垄，如生前之仪卫耳。

另外，成书于晋代的《西京杂记》载：

> 玉柞宫西有青梧观，观前有三梧桐，树下有石麒麟二只，头

高一丈三尺，刊其胁为文字，是秦始皇骊山墓上物也。

可见，石像生的设置历史十分悠久。

明长陵的石像生设置，基本上沿用孝陵制度，且又增置了四尊功臣像。

长陵的石像生，排在最前面的是一对石望柱。石望柱之后，依序排列石兽12对，石人6对。

其中，石兽，共有6种。由前而后依次为狮、獬豸（xiè zhì）、骆驼、象、麒麟、马。每种各为两对，均为前者坐（或卧），后者立，两两相对，排列于神道两侧。

石狮

石狮项部各雕有缨、铃、带饰等物。狮为世间猛兽，唐虞世南《狮子赋》有"瞋目电耀，发声雷响"的形容。

石狮

石獬豸

石獬豸

　　石獬豸，头有独角。獬豸，为传说中象征正义与公平的神兽。古代文献中又作"解廌"。《前汉书·司马相如传》注曾记载："解廌似鹿而一角，人君刑罚得中，则生于朝廷。"王充《论衡》也说："解廌者，一角羊，性知有罪。皋陶治狱，其罪疑者令羊触之。"《异物志》则记载，獬豸为东北荒野之兽，"一角，性忠，触不直者。"由于獬豸"能别曲直"，所以汉朝时法冠即作獬豸冠。明朝时，都察院御史的常服也作獬豸补服。古时陵前列此石兽始自明孝陵，长陵继续沿用。

石骆驼

　　将骆驼列为墓葬神道石像生内容之一，最早见于东汉灵帝时太尉桥玄之墓。但为帝陵所用，则始自洪武年间修建的明孝陵，所以长陵神道仍列有此兽。其用意为显示大明疆域的广阔。

石骆驼

石象

石象

  按《封氏闻见记》记载，秦汉以来，石象已是帝陵神道像生内容之一。但见诸实物则在宋代各陵。明朝自孝陵开始继续沿用

石麒麟

这一制度，可能是因为它有象征祥瑞之意（可寓意"太平有象""万象更新"），又可以寓意大明王朝与世界各国交往的广泛。

石麒麟

石麒麟，双角，遍身鳞甲。麒麟，为传说中的太平、祥瑞之兽。明金幼孜《麒麟赞》中说：

麒麟，天下之大瑞也。帝王之德上及太清，下及太宁，中及万灵，则麒麟见……是则麒麟之出，必圣人在位，当天下文明之日。

石马

石马，与狮豸、骆驼、象、麒麟一样，均未在身上雕任何其他装饰物。马是古代时主要的坐骑之一。明朝的朝会仪式，专设有"典牧官，陈仗马、犀、象于文武楼南"，是皇帝仪卫队伍中

石马

的一部分,历代帝陵墓前也多设有此兽,因此明陵石像生亦设此兽。

石兽之后为石人。长陵石像生的石人,均作立像,高2.2米。其装束、姿势各不相同。

前面的四尊石人像,均雕作御前侍卫将军形象。头戴凤翅盔,身着铠

持瓜石将军像

甲。其中，前面的两尊，怒目虬须，左手握剑柄，右手执短柄金瓜；后面的两尊则年轻俊秀，佩剑，双手交叉前置，作叉手礼姿势。

再后面的四尊石人像，均雕作身着祭服的一品官形象。头戴七梁冠，上身着宽袖上衣，内衬中单（衬袍），下身着下裳（像裙子一样的服装），项部悬挂方心曲领，腰系革带，革带前雕悬挂的长条形蔽膝、后面雕悬挂的有云鹤丝绦图案的绶，左右悬佩，脚部雕为前面有如意云头装饰的舄（xì，音细）。姿势均作双手执笏的恭立姿势。

最后四尊石人像，也雕作身着祭服形象，但其七梁冠上雕有笼巾貂蝉，是明代功臣的形象。笼巾，如一个方形的帽罩。貂蝉为笼巾上的饰物。貂，即貂尾，最早的笼巾上挂有此物，明朝时均以雉尾代替。这四尊石像的雉尾，均雕刻在笼巾的左上角。蝉，

石品官像　　　　　　　　　　　　石功臣像

为冠上帽花位置的蝉形饰物。笼巾之上之所以饰以貂、蝉，是因为古人认为，"貂者，须其文而不焕炳，外柔易而内刚强；蝉者，清虚识变也。在位者，有文而不自耀，有武而不示人，清虚自牧，识时而动也"。这代表的是一种刚柔兼备，站得高，看得远，富有远见卓识的品质。石像的笼巾上还雕有一个球状物，有杆，通于冠前，名为"立笔"。立笔的原型其实就是戴在帽子上的毛笔。古代称为"珥笔"。当时史官、谏官或皇帝的内侍为了随时记录皇帝的旨意，把笔戴在帽子上，后来便成为笼巾上的装饰物。

长陵石像生有两个特点。

一是体积大。其中最大的石像包括基座在内，体积近 30 立方米。如此之大的石料，包括神功圣德碑等石料，根据明英宗时礼部尚书胡濙为内官监太监倪忠墓所作《寿藏记》记载，均为正统元年（1436 年）至正统三年（1438 年）由倪忠奉命从房山县独树石场督采而来的。

这些石料在当时技术落后的条件下，又多是采用"旱船拽运"的方法运输而来。旱船均以木制造，运输前先要通垫道路，沿途以井水浇路，趁严冬结冰时，载石船中，然后挽行至陵区。用这种方法运石，虽因冰面光滑，减小了石块运行中的阻力，但毕竟石料巨大，所用人力物力仍十分惊人。如嘉靖三十六年（1557 年）修建皇宫三大殿，从房山大石窝运送一块长约 10 米，宽约 3.3 米，厚约 1.66 米的中道阶石，就用了顺天等八府民夫 2 万人，28 天方运至京，计用白银 11 万余两。天寿山陵区距离房山远在 200 多里外，不难想象，这些石料从房山运至陵区有多么不容易。其所耗费的人力、物力更是难以计数。

二是雕工精细，具有高超的艺术水平。其中，狮、獬豸、麒麟，张口露齿，肢爪强健有力，颇具威仪；象、骆驼、马则神态安详，雍容驯服；石人也各具姿态，将军顶盔贯甲、持瓜佩剑，一派虎威；品官与功臣，袍笏肃肃，玉佩璀璨，似乎在恭候大行皇帝灵驾的到来。雕刻之精细，乃至须眉脉络、衣纹飘转都一丝不苟。

石像生的尽端是一座玲珑别致的棂星门。棂星门，又作灵星门（古代"灵"与"棂"通用）或乌头门。建筑形制起源于古代的"乌头染"。《史记》载："正门阀阅一丈二尺，二柱相去一丈，柱端安瓦筒，墨染，号乌头染。"后来，这种柱出头式牌坊门被称为"棂星门"，成为象征王制的尊者之门。《永乐大典》载古赋题句：

灵星名门，王者之制也。灵星垂象，王制之本也。欲知王者所法之制，当识灵星所垂之象。

按《后汉书·祭祀志》载，龙星（青龙七宿）左角有一颗星名为天田星，"号曰灵星"。它是"青龙七宿"中"角宿"的附座星官。因"角星（角宿）为天门之象"，其内为"天庭"，所以灵星所垂示的形象就是天门了。

古人既然把皇宫比作天宫，那么这种以"灵星"命名，垂示的形象为"天门"的门便被广泛地运用于宫室、坛庙的街衢之中，成为一种象征王制、点缀意义极强的标志性建筑。古人曾说过："圣殿之有棂星门，盖尊圣门如天门也。"毫无疑问，宫室、坛庙、陵寝中的棂星门之设，也是尊天子之门如天门了。这座棂星门设门三道，每道门有门枕石两块，可安门两扇，又与"灵星垂三门之象""设六靡而开阖"的意思相合。又由于三门大额枋的中央部位上端各饰有宝珠火焰的装饰，所以人们又称之为"火焰牌坊"。

龙凤门

此外，此门还有龙凤门之称，这是因为帝后入葬山陵，此门为必经之处。

穿过棂星门，北约800米处有南高北低的大土坡，古代曾名为芦殿坡，是谒陵时搭盖席殿，停放帝后神帛、祭物，并栖息谒陵随行百工的地方，又是帝后梓宫入葬山陵前的停放之处。

再往北800米处为明朝时陵区内主要的桥梁——七孔桥的故址。据《帝陵图说》记载，此桥未毁时，桥下之水，东北则老君堂口，西北则贤张、灰岭、锥石三口，西则德胜口皆径于桥。天寿诸山水会为一川，东流出东山口，经巩华城合朝宗河、大白水，汇为潞河，流于直沽，达于海。万历三十五年（1607年）闰六月，该桥北面两孔被大水冲毁，天启六年（1626年）七月，桥身再次受到洪水的摧毁，民国十五年（1926年）仅存的南面两孔

北京明十三陵之首——长陵

又被山洪冲毁。现在，新建的七孔桥东侧仍有残坏的桥墩保存。其南不远的地方有明朝时建造的南五孔桥。其北约1.6公里处则存有明代所建的北五孔桥，再北约1.2公里处就是长陵的陵宫建筑了。

二 肃穆庄严的陵宫建筑

长陵的陵宫建筑，占地约 12 万平方米。其平面布局呈前方后圆形状，其前面的方形部分由前后相连的三进院落组成。

■ 第一进院落，前设陵门一座

其制为单檐歇山顶的宫门式建筑，其下辟有三个红券门。院内，明朝时建有神厨（居东）、神库（居西）各 5 间，神厨之前建有碑亭一座。神厨、神库均于清乾隆五十至五十二年（1785~1787 年）拆除，碑亭则保存至今。这座碑亭，落成于嘉靖二十一年（1542 年）五月，南向，形制为重檐歇山顶，四面各设红券门，内为木构梁架，天花顶。亭内立有一座造型新颖别致的圣绩碑。石碑的碑首雕有一龙，龙头探出碑外。碑趺造型也作一龙，但形态仿龟趺式作伏卧状。清代文献称为"龙趺碑"。

长陵平面图

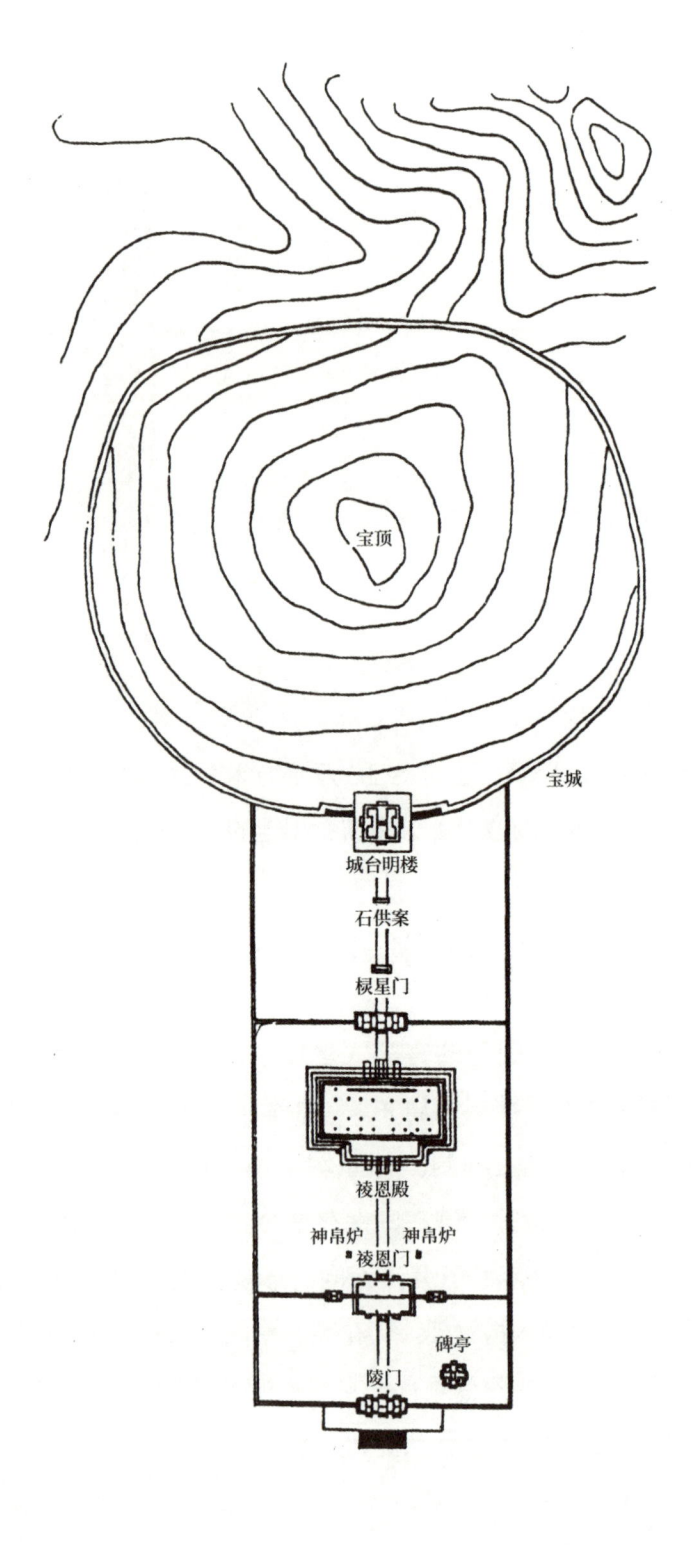

宝顶

宝城

城台明楼

石供案

棂星门

祾恩殿

神帛炉　神帛炉
祾恩门

碑亭

陵门

古都北京

158

长陵陵内碑亭

据《明世宗实录》记载，碑亭落成后，礼部尚书严嵩曾奏请世宗皇帝"亲御宸翰制文"。但当时所建碑亭，除长陵的这座外，还有献、景、裕、茂、泰、康六陵的神功圣德碑亭及东西二井、万贵妃坟等墓碑。这些碑石，除妃坟碑文可由翰林院撰文外，七座帝陵碑碑文，都要由世宗皇帝撰写。这是因为明太祖朱元璋在洪武年间撰写皇陵碑文时就说过："儒臣粉饰之文，不足为子孙后世戒。"所以，皇帝陵碑碑文，必须由嗣皇帝撰写。如太祖孝陵碑的碑文，为成祖所撰，成祖长陵碑文为仁宗所撰。因此，长陵这座碑的碑文以及献、景、裕、茂、泰、康六陵的神功圣德碑文自然应由世宗亲自撰写。

但是，世宗却始终没有撰写碑文，以致这些石碑终明之世都是"无字碑"。

现在这座石碑上的文字是清朝时才陆续镌刻的。碑阳（碑的正面）用满汉两种文字刻了清世祖顺治十六年（1659年）谕旨；碑阴（碑的反面），刻乾隆五十年（1785年）清高宗的《谒明陵八韵》诗。碑的左侧刻清仁宗嘉庆九年（1804年）御制《谒明陵八韵》诗。

■ 第二进院落，前设殿门一座，名为祾恩门

据《太常续考》等文献记载，天寿山诸陵陵殿名为"祾恩殿"，殿门名为"祾恩门"，始于嘉靖十七年（1538年），是世宗朱厚熜亲赐佳名。其中，"祾"字取"祭而受福"之意，"恩"字取"罔极之恩"意。

祾恩门

长陵祾恩门，为单檐歇山顶形制，面阔 5 间（通阔 31.44 米），进深 2 间（通深 14.37 米）。殿门之下为汉白玉栏杆围绕的须弥座式台基。其栏杆形制，为龙凤雕饰的望柱，和宝瓶、三幅云式的栏板。台基四角及各栏杆望柱之下，各设有排水用的石雕螭首（龙头）。台基前后则各设有三出踏跺式台阶。其中路台阶间的御路石上雕刻的浅浮雕图案十分精美：下面是海水江牙云腾浪涌，海水中宝山矗立，两匹海马跃出水面凌波奔驰；上面是两条矫健的巨龙在云海中升降飞腾，呈现出一派波澜壮阔的雄伟景象。

祾恩门御路石雕

祾恩门两侧还各有掖门一座，均作随墙式琉璃花门。

第二进院落的院内，北面正中位置建有高大巍峨的祾恩殿。这座大殿在明、清两代，是用于供奉帝后神牌（牌位）和举行上陵祭祀活动的场所。

我国古代的陵园祭祀，西汉时陵中设有寝殿和便殿，陵旁设庙。时有"日祭于寝，月祭于庙，时祭于便殿"之说。唐、宋两代，陵园设有上、下二宫。上宫设寝殿（又称"献殿"），用于举行隆重的祭献仪式；下宫，即寝宫，是供奉墓主灵魂日常饮食起居的场所。

明朝从孝陵以后，陵寝祭殿有享殿、陵殿、献殿、寝殿、香殿等不同称呼。殿内日常陈设有神榻（灵座、龛帐）、帝后神牌、册宝、衣冠、御座、香案以及各种乐器。朝廷遣官致祭时，殿内再增置陈设祭品用的正案、从案、三牲案匜等。这些陈设说明，明朝陵殿是上陵朝拜举行大规模祭献活动的场所，也是平时司香

祾恩殿

火、四时供献、朔望朝陵等日常祭祀之地。它兼有西汉陵寝寝殿、便殿或唐宋陵寝上下二宫祭祀用殿的功用。

长陵的这座祾恩殿，建成于永乐十四年（1416年）三月初一。是明代帝陵中唯一保存至今的陵殿，堪称是我国古代木构建筑中的珍贵遗物，其珍贵之处主要表现在以下三方面：

一是规模大，等级高。此殿制仿明代皇宫金銮殿（明初称"奉天殿"，嘉靖时期改称"皇极殿"，而清代改名为"太和殿"）修建，面阔9间（通阔66.56米），进深5间（通深29.12米），柱网总面积达1938平方米，是国内罕见的大型殿宇之一。殿顶为古建中等级最高的重檐庑殿式，覆以黄色琉璃瓦饰。正脊至台基地面高25.1米。上檐饰重翘重昂九踩斗拱，下檐饰单翘重昂七踩鎏金斗拱。六排柱前后廊式的柱网排列方式规整大方。殿内"金砖"铺地，殿下有3层汉白玉石栏杆围绕的须弥座式台基和一层小台基，总高3.215米。台基前出三层月台。每层月台前各设三出踏跺，古称"三出陛"。其中，中间一出踏跺的御路石雕由上、中、下三块组成；最下面的一块与祾恩门图案相同，上面的两块分别雕刻升龙、降龙图案。台基上三层汉白玉石栏杆形制也与祾恩门相同，望柱头雕刻龙或凤，非常精美。此外，月台两侧还设有祭陵时供执事人员上下的旁出踏跺。台基之后也设有三出踏跺，其形制同月台前踏跺。

明代帝陵中，陵殿为"九五"间数的，只有朱元璋的孝陵和永乐皇帝的长陵两座陵，其他各陵，永、定二陵是面阔7间，献、景、裕、茂、泰、康、昭、庆、德各陵则是面阔5间，都小于长陵的规模。皇家建筑以"九五"之数为至尊，本于《易经》有"九五，飞龙在天"之说。唐孔颖达对《易经》此说曾解释说：

言"九五"，阳气盛至于天，故飞龙在天……犹若圣人有龙德，飞腾而居天位。①

意思是说，"乾"卦中的"九五"这一爻，以阳爻居于上卦之中，恰得君位，象征事物发展到最为完美的阶段。就像圣人有龙德，飞腾起来居于天位。长陵为十三陵中的祖陵，所以，其殿宇规制自然要居于诸陵之首，采用"九五"之数。

二是用材考究。此殿梁、柱、枋、檩、鎏金斗拱等大小木构件，均为名贵的楠木加工而成。据万历《四川总志》卷二一记载：

山林川泽古有厉禁……今四川建昌产杉木，马湖、永播而下专产楠木，为国家梁栋之需。历代南中不宾，斧斤无得入焉……永乐四年诏建北京行宫，敕工部尚书河南宋礼督木，前后凡五入蜀，监察御史顾佐亦以采木至，而少监谢安在蔺州石夹口采办，亲冒寒暑，播种为食，二十年乃还。

---

① "乾"卦中的六爻：初九，"潜龙勿用"，象征阳气初起，力量微弱，还不能过早地施展才能。九二，"见龙在田，利见大人"，意思是说，这一爻居于下卦之中，虽无君位，而有君德，就像龙出现在田野上，虽然还没有飞上天空，但就像有才德的人刚刚露出头角，会受到欢迎。九三，"君子终日乾乾，夕惕若厉。无咎"，意思是说，九三这一爻，居于下卦极位，其位多危，但就好比君子刚强健进，加上忧惕戒惧，不仅终日勤奋，即使晚上也在保持警觉，因而善于弥补过失，终能免除祸害。九四，"或跃在渊，无咎"，意思是说，九四这一爻，为近君多惧之位，一切要小心谨慎，要审时度势，可进则进，如龙之"跃"；不可进则停住，如龙之"在渊"。又一说认为，游龙在深谷之中，正处在跃起飞腾上升之势，故而没有祸害。九五，"飞龙在天，利见大人"。

祾恩殿内的楠木构件

　　永乐年间从四川采伐楠木的目的主要是用于北京宫殿的营建。长陵的营建在永乐七年（1409年）以后，可见，长陵祾恩殿的楠木应是采自四川的楠木。

　　支撑殿宇的60根楠木大柱，用材十分粗壮。特别是林立殿内的32根重檐金柱，高12.58米，底径均在1米上下。其中，明间的4根金柱最为粗壮。左一缝前金柱底径达1.124米，两人合抱，不能交手。文献记载，那时的楠木都产在深山密林之中。那里人迹不到，明谢肇淛，在《五杂俎》（卷十·物部二）中描述：

毒蛇鸷兽出入山中，蜘蛛大如车轮，垂丝如絙，罥虎豹食之。采者以天子之命，谕祭山神，纵火焚林，然后敢入。

伐倒的巨大楠木，也往往是"一木初卧，千夫难移"，明万历年间，四川一带有"入山一千（人），出山五百（人）"的谚语。清孙承泽《春明梦余录》卷四十六记明代运图，自蜀运木有"山川险恶""跋涉艰危""蛇虎纵横""采运困顿""飞桥度险""悬木吊崖""天车越涧""巨浸漂流"等险恶经历。而结筏水运时，自蜀至京，不下万里，其运送周期通常都在3年左右。由此可知，明朝时采伐楠木确实十分艰难。而一木至京，费银竟达万两。

三是有重要的历史价值和文物价值。我国的古建技术，宋代有《营造法式》，清代有《工部工程做法则例》，都是官修的建筑工程用书。但处于宋、清两代之间的元、明两代却都没有官修建筑用书。因此，元、明两代遗留下来的古建，就成为建筑史学界研究元明两代建筑法式、特点的基本素材。特别是像长陵祾恩殿这样高等级的明代官式建筑，更是不可多得的珍贵实物。这座大殿从结构上看，属抬梁式（又称"叠梁式"）构架，宋元时期的叉手、托脚等构件已不采用，襻间斗拱也按照"檩、垫、枋"的组合方式由垫板代替。因此，这座大殿的整体结构与宋元时期的建筑相比较更趋简化，节点更加牢固。又由于这座大殿挑尖梁的外端均做成了巨大的耍头伸出斗口之外，故柱头科斗拱的功能也发生了变化，具有装饰上的意义。但如果挑檐檩因受力向下弯曲，其平身科斗拱仍能起到悬挑的结构作用。这座大殿的平身科斗拱的形制也有自己的特色，采用了宋、元两代都没有的落金式鎏金斗拱。斗拱后尾部分均呈30度角斜向上伸，真假昂并用。上层昂为真昂，下层昂为假昂。假昂的昂头，从交互斗斗口处斜向下伸，没有"假华头子"雕饰，很有特色。下檐斗拱上层昂昂尾等构件挑起的斜杆直伸至博脊枋下，并有三幅云、麻叶头、菊花头等装饰构件。它既不同于宋式真昂形式的斗拱，也与清《工部工程做法则例》的假昂式鎏金斗拱有别。此外，角科斗拱鸳鸯交首拱的继续采用，以及斗拱比例的减小，平身科斗拱排列的相对丛密，而各间攒档在尺度上又大小不一等特点，都体现了由宋到清在营造法式特点上的过渡。

当然，此殿历经500余年的漫长岁月，在此期间殿宇的彩画及殿内的装饰情况都发生过变化。按《帝陵图说》所记，清康熙年间长陵祾恩殿的殿内情况是：

梁柱雕镂盘交龙，藻井、花鬘、地屏、黼扆，金碧丹漆之制一如宸居。

顾炎武在《昌平山水记》对清初殿内的情况，也有"中四柱饰以金莲，余皆髹漆"的记载。但到了清代中叶，由于多年来陵园看护不力，殿内的神牌、供案等物先后被盗窃一空。彩画脱落情况也十分严重。为此，清高宗于乾隆五十年（1785年）下旨修葺明十三陵时，特命为长陵等陵"增设龛位"。工部尚书金简等人在对明陵实地勘查后也上奏说：

其各陵暖阁地平、龛案、神牌现俱遗失无存，亦应一体添造，俾臻完备。

至于殿宇彩画，经钦派督办修理明陵工程协办大学士吏部尚书刘墉及工部尚书金简等人在查勘之后也提出了具体处理意见：

内里木植所有油什处所，年久全行脱落，露身俱系楠木，似可毋庸重加油饰，竟露楠木质地，似觉古雅。至外檐上架斗科，拟改用雅五墨。天花见色过色。下架用红土垫光油。

所以，现在人们所见到的祾恩殿外檐彩画，是乾隆修缮之后又屡经重新油饰的彩画，故已非乾隆时旧貌。殿内的彩画，由于乾隆时清除得不够彻底，故至今人们仍可在斗拱的凹陷部位及部分挑尖梁梁身上隐约看到明朝彩画的痕迹。楠木柱上的油漆，以及中间四柱上的金莲，则在乾隆时彻底被清除，露出了楠木本色。清乾隆时增设的雕龙大龛、供案、神牌等物则在尔后动荡的时局中相继被破坏。其中，供案毁于解放战争时期，雕龙大龛毁于文化大革命中。

神帛炉

祾恩殿前的左右两翼，明朝时曾建有左右配殿（又作"廊庑"）各15间，清乾隆五十年至五十二年（1785~1787年）修缮时因毁坏而拆除。

配殿之前各建有神帛炉一座，至今保存完好。其制均由黄、绿琉璃件组装而成，小巧玲珑。炉顶为单檐歇山式，炉身正面为四扇假棂花隔扇，正中辟券门，门内为发券的小室，用于焚烧祭祀所用的神帛和祝版。

■ 第三进院落，前设红券门制如陵门

院内沿中轴线方向建有两柱牌楼门和石几筵。两柱牌楼门，为柱出头式牌坊，又称棂星门。其两石柱，截面作方形，顶部各雕蹲麒麟（两者相对蹲立），前后戗抱鼓石，以保持石柱稳定。柱间木构部分，为民国二十四年（1935年）修缮时仿景陵制增构。

两柱牌楼门后为石几筵。它由石供案和五件雕刻精致的石供器组成。石供案，须弥座形制。其上下枋均浮雕串枝花卉，上下枭刻仰俯莲瓣，束腰部分刻椀花结带图案，四角雕刻玛瑙柱之形。案体规整大方，基本完好。案上五供器俱全。中间的石香炉，作三足鼎形，炉身和炉盖各用一整石雕成。炉身部分腹部圆浑，三足外侧各雕云纹饕餮。炉耳、炉沿则分雕回纹图案；炉盖，底径大小同炉沿，顶圆，下雕一周海水江牙图案，上雕云纹及一头部前探的蟠龙。烛台，形状略似古祭器中的"豆"，烛盘下雕仰莲瓣一周，下雕云纹。花瓶，小口大腹，两耳各雕衔环。

石五供

■ 第三进院落之后是宝城建筑

它构成了陵园的"后圆"部分。其前部与第三进院落相接，形成一个整体。

宝城，明代文献中又作"宝山城"，因城内覆盖玄宫（墓室）的封土称为"宝山"而得名。从外观上看，它就像一个封闭的圆形城堡。城高 7.3 米，外侧雉堞（又称"城垛"或"垛口"）林立，内侧置宇墙，中为马道，宽 1.9 米。宝城周长约 2 华里；其直径，按《大明会典》所记为"一百一丈八尺"。宝城之内是安葬帝后的玄宫（墓室）建筑，上面堆满封土，中央部分隆起，像一座小山陵，故称"宝山"。我国古代的陵冢，秦、汉以来，多作覆斗形状，其周围的陵墙平面也作方形，而明朝的帝陵，自南京孝陵始，则创制为平面为圆形的陵冢，外护以平面为圆形宝城墙的制度。

宝城的前部，沿轴线方向建有方城和明楼。方城高12.95米，下设平面走向呈T形的券洞，该券洞《大明会典》中又作"灵寝门"，其实际作用相当于进出宝城的城门洞。券洞内原建有随墙式黄琉璃屏和前、左、右三道门扇对开的城门（现黄琉璃屏和门扇均已不存）。从琉璃屏前东西分驶，可出方城而达于宝城内。方城之上，建有一座重檐歇山顶的明楼。

这座明楼，明朝及清初时曾是前、后、左、右四面对称设置红券门，不仅楼体外檐斗拱系木结构，而且内部也都是木质的梁架结构，因此《帝陵图说》有"栋梁楠梗"的记载。但因多年失修，到了清朝中期，明十三陵的明楼凡"搁架木植者皆糟朽坍卸"，所以，乾隆五十年（1785年）修缮各陵明楼时，管工的大臣们特向乾隆皇帝上奏说："今若就其形势仍用木植修换，恐难持久"，并提出各陵明楼的修复，应按照永、定二陵明楼的起券方式，"一

明楼

律改发石券"。长陵明楼在该次修缮中因此改变了结构。首先，明楼内砌起了石券顶，楼顶因此变成了砖砌的实心顶结构；其次，左右（东西）两个红券门亦用砖封死，故此现在前后券门通畅如故。而明楼的外观则形制基本如旧。明楼的上下两檐之间，在南面一侧有华带式木榜额，书"长陵"两金字。

楼内正中立有"圣号碑"。碑制为龙首方趺，篆额"大明"，下刻"成祖文皇帝之陵"七个径尺楷书大字。其中，"成祖"是朱棣的庙号；"文"是朱棣的谥号（寓意"经纬天地"），文字旧时泥金，碑身用朱漆油饰，并用石青等颜料阑画云气，故又有"朱石碑"的俗称。

圣号碑

《明实录》记载，长陵的这座明楼和圣号碑，为万历三十三年（1605年）重新建立。这是因为，朱棣死后，仁宗皇帝定其庙号为"太宗"。嘉靖十七年（1538年），世宗对礼部大臣说：

我国家之兴，始皇祖高皇帝（朱元璋）也，中定艰难，则我皇祖文皇帝也。二圣同创大业，功德并焉，宜称祖号。

遂改朱棣庙号为"成祖"。但当时明楼内圣号碑上已刻有"太宗文皇帝之陵"数字，世宗不忍琢伤旧号，命制木套刻新庙号嵌于碑上。当时有个武定侯名叫郭勋，上疏建议"尽耆旧字，更书之，可以垂永久"。世宗见疏很不高兴，命礼部及翰林院官复议。于是礼部顺承世宗的意愿上疏说：

长陵碑，昭皇帝（仁宗）所建，千万年所当崇宝，皇上追念文皇帝功烈，尊称祖号，不忍琢伤，令今日之鸿号有加，先朝之旧题无改，圣见出寻常万万。

于是，旧碑上镶嵌了刻有新庙号的木套。不料，在万历三十二年（1604年）五月二十三日的夜间，天降大雨，雷火烧毁了明楼和碑石，木石俱毁。于是，大学士沈一贯遂上疏说，过去世宗改庙号而没有更立新碑，今雷神奋威，乃天意示更新之象。于是，根据钦天监所定日期，于次年兴工鼎建，重新建造了明楼和碑石。

在这前方后圆的陵宫范围之内，明朝时曾栽植有许多松树、柏树。现在也依然是古木参天，郁郁葱葱。自1955年陵宫作为北京的一处园林景点开放后，陵内又相继种植了各种花卉和灌木，使古老的帝陵建筑融入了现代公园的园林气氛。

陵宫之外，明朝时曾建有一些为陵园祭祀服务及陵园管理而建的建筑设施。

陵宫的左前方，曾建有祭陵时宰杀三牲（牛、羊、猪）的宰牲亭，亭内设有放血的血池。

陵宫的右前方，曾建有供帝后谒陵更换服装或临时休息的殿室——具服殿。据遗址显示，该殿面阔5间（通阔23.3米，其中明间面阔5.3米，次间、梢间各4.5米），进深3间（通深11.5米，其中前后廊深各3.5米）。殿为东向，明朝时周围筑有围墙。南墙南有五座长方形的白石槽，名为"雀池"，内贮水供麻雀饮用。

宰牲亭东约0.5公里处曾建有守陵内官的居处——神宫监（今长陵村）。据隆庆《昌平州志》等书记载，明朝时每陵都设有守陵内官。其中包括掌印太监（正四品）一员，佥书、管理、司香以及长随内使等若干员。他们的职责一是守护陵园；二是司香火，供洒扫，掌管陵园锁钥；三是对陵园的皇庄（香火地）、果园（或菜园）、榛厂、晾果厂、回料厂、神马房等进行管理。《帝陵图说》记载，明朝时，朝廷让各陵陵监能有"果园之利、榛厂之利、晾果厂之利、神马厂之利、回料厂之利"，主要是虑及"其资用之不给"，以保障陵园管理的正常进行。但由于太监们大多为贪得无厌之徒，故上述诸项收入又往往充入太监们的私囊之中。长陵神宫监的建筑由"回"字形的监墙及监门（西向）、重门厅室等各式单体建筑组成。负责管理各陵神宫监太监的是天寿山内守备太监。该监始设于天顺六年（1462年），其职责是"专一提督各陵内外官员，守护陵寝山场"。每年清明，则率各陵掌印太监入京，奏添土木，并为皇宫办入松花、黄莲、茶、核桃、榛、栗等物。

神宫监之南，曾建有祠祭署官的衙署祠祭署。祠祭署为明朝中央文职衙门之一太常寺的派出机构，各陵均有设置。其所置官员有奉祀1人（从七品）、祀丞1人（从八品）、牺牲所吏目1人（从九品），其所辖还有供祀左司乐1名、右司乐3名、俳（音:排）长4名、色长14名、教师16名，以及陵户40名。祠祭署官常驻陵下，职责是负责陵寝祭祀的相关事宜和陵园物品的管理。长陵祠祭署的建筑，前设署门，中为公座（办公用的厅堂），左右为小房。

此外，陵园附近还曾建有祭祀官员歇宿的朝房（又作斋宿房），其位置已不可考。明朝时，祭陵官员必须提前二日到昌平，次早至礼部所题定的陵园朝房歇宿，候夜半祭毕回州，第三日回京复命。陵园朝房之设正是根据陵祭需要设置的。

昌平州城内西北，谯楼之后，还曾设有长陵卫的营房及衙署。

遗憾的是，上述长陵附属建筑目前均已不存，其原制除具服殿、宰牲亭和陵宫建筑一样，覆以黄色琉璃瓦顶，其余建筑均为灰色布瓦形制。

参考文献

1. 胡汉生：《明十三陵》，中国建筑工业出版社 2015 年版。
2. 胡汉生：《明十三陵研究》，北京燕山出版社 2013 年版。

五都北京

/ 谭烈飞

北京从 70 万年前开始，在房山周口店就有人类活动，自公元前的周武王时期，北京地区的燕、蓟就成为重要的邦国，开启了北京 3000 多年的建城史。自辽开始，北京步入都城的历史，辽南京、金中都、元大都、明朝北京和清朝的京师，在中国古代都城的历史上，这五个朝代的都城留下了辉煌的篇章。

一 从天宁寺塔认知辽南京

北京地区有许多辽代文物,至今仍然保存着。

坐落在广安门外西北隅的天宁寺塔,就是一个典型的辽代佛塔。天宁寺在辽代称天王寺,明宣德年间才改称天宁寺。天宁寺塔八角13层,高57.8米,内有阶梯通向顶部。下部是须弥座,上有壸门浮雕束腰一道,再上是有斗拱勾栏的平座和三层仰莲瓣,高大的塔身就坐落在莲座上,座上四面有券门和力士浮雕。再上为十三层密檐,每层均系风铃,微风吹来,叮咚作响。1992年,修缮天宁寺塔,清理塔顶时发现一块《大辽燕京天王寺建舍利塔记》刻石,记有:

天庆九年五月二十三日奉圣旨起建天王寺砖塔一座,举高二百三尺,相计共一十个月了毕。

因此可以确知天宁寺塔的始建年代为天庆九年（1119年），建成年代为天庆十年（1120年）。

天宁寺塔身修长而美丽，随着天宁寺立交桥的建设和周边一组组高楼的崛起，这座塔开始栖身在城市的建筑物中，似乎无法显示其特有的魅力。

这座有900年历史的古塔，与辽代都城南京紧密联系在一起。

天宁寺塔

辽南京城

契丹会同元年（938年），后唐河东节度使石敬瑭向契丹奉表称臣，将燕云十六州割让给契丹，其中包括幽州。就在这一年，辽太宗耶律德光决定升幽州为南京，又称燕京，立为陪都。[①] 辽南京城继承了唐幽州城的基本规划布局，实行大城与皇城双重规划结构，全城布局规整、严谨。

《辽史·地理志》记载辽南京的大城："方三十六里。"东垣在今烂缦胡同偏西的南北直线上，清代以前的烂缦胡同旧沟即为东护城河故迹。西垣在会城门以东，今广安门外一段莲花河走向顺直，当为西垣护城河故迹。北垣在宣武门内浸水河胡同东西一线偏南，浸水河原为臭水河，为辽南京北护城河故迹。南垣当在今白纸坊东西大街一线偏北。辽南京的形制基本为正方形，全城规划布局规整，占地面积不超过9平方公里。南京城四周设八门，东曰安东、迎春，南曰开阳、丹凤，西曰显西、清晋，北曰通天、拱辰。现今南二环有开阳桥，其名取自开阳门。

辽南京的皇城，是在原幽州城的子城基础上改造和扩建而成的，位置在城市的西南角。其中一说是直接将安禄山的所谓宫城进行了修葺与扩建，约占全城总面积的1/4。共设四门，东曰宣和门、南曰丹凤门、西曰显西门、北曰子北门。平时，内城三门不开，只从宣和门出入，皇城不在大城的中心，对全城的交通往来有一定的好处。

[①] 辽代实行五京之制，上京临潢府（今内蒙古巴林左旗），东京辽阳府（今辽宁辽阳），南京析津府（今北京市），中京大定府（今内蒙古赤峰市宁城县），西京大同府（今山西大同）。

辽南京城几乎没有大兴土木，基本是原封不动地继承了原来的唐、五代幽州城的城市建筑基础，城墙也是使用原有基址，重加修筑，并没有进行大规模的改造。①《辽史·地理志》载南京城墙"崇三丈，衡广一丈五尺。敌楼、战橹（侦察或攻防用的高台）具"。城市内部的规划结构也未改变，仍以十字大街为骨架，固守州城里坊制格局。

■ 辽南京城的新特点

与前代城市不同，辽南京出现了球场、凉殿、燕角楼、果园、湖泊等供契丹帝王和契丹贵族们娱乐休闲的场所，城外还建有为数众多的供帝王避暑和渔猎的苑囿和离宫，如长春宫、延芳淀、华林与天柱二庄及瑶池殿等。这些场所的兴建和契丹人长期游牧生活养成的习性是密切相关的。

从现有的建筑来看，值得一提的是契丹人有朝日之俗，房屋毡帐大多东向。史载：

契丹好鬼而贵日，每月朔日，东向而拜日。其大会聚，视国事皆以东向，四楼门屋皆东向。②

南京的宫城由于受唐五代的旧格局限制以及接受汉族"天子南面而立"的文化观念，宫殿皆南向，也以南门为正门。然而，

---

① 宋卫忠：《辽南京建筑文化特色与价值》，载于《北京科技大学学报》（社会科学版），2013年第29卷第3期。
② [宋]欧阳修：《新五代史·四夷附录·契丹》卷72。

宫城平时使用的只有东门宣和门。这和契丹人以东为尚的朝日习惯相关。还有一些建筑更是采用坐西朝东的布局方式，如现今位于旸台山（阳台山）的大觉寺即为辽代寺庙东向的代表。

辽南京城中佛教兴起

辽代燕京僧居佛寺冠于北方，大的寺院就有36座，中小寺院不计其数，唐中叶以后，几次灭佛，许多西部僧人，向东逃亡到幽州，给幽州佛教发展带来特殊的机会。燕京佛教兴旺还与辽朝本身的政治文化状况有直接关系。太祖、太宗几代大肆征伐，连年鏖战不已。燕京地处战争前沿，人民首被其患。辽朝统治者因此提倡佛教，以缓和人民的反抗情绪。加之辽朝文化比较落后，

云居寺全貌

接受佛教比学习儒学感到更容易，这些因素结合起来，促进了燕京佛教的大发展。在这种情况下，燕京地区的大寺院越来越多。

在众多主要寺院中，房山区白带山云居寺是辽燕京郊外最重要的寺院，该寺建筑均依契丹习俗东向。为吸取两次灭佛运动的教训，辽朝还在白带山云居寺大刻石经。云居寺石经板自隋僧静琬开始镌刻，到了辽朝，改由官方直接出资刊刻。云居寺不仅保留了大量辽代石经板，而且有许多辽代的佛塔和碑刻。

辽代燕京第一名刹是宣武门外的法源寺，即辽代悯忠寺。始建于唐。它不仅是辽燕京的宗教活动中心，而且还常被作为接待宋使的场所。现在的法源寺建筑均为明清改建，但仍保留有辽代的经幢等历史遗迹。

保存辽代文物最多、建筑规模最大的是戒台寺。戒台寺位于门头沟区马鞍山，辽代称慧聚寺。该寺始建于唐，辽代著名僧人法钧和尚曾在此建了一座很大的戒台，因而又称戒台寺。戒台高5米，四周分三层，以汉白玉石筑成，是我国现存戒坛中最大的一座。戒台寺以松著名，有些古松为辽代的遗存。

戒台寺

二 从卢沟桥认知金中都

在北京西南的永定河上有一座大型连拱古桥，名为卢沟桥。在《马可·波罗游记》中它被形容为一座壮丽的石桥，也有外国人称它为"马可波罗桥"。此桥在20世纪80年代还在使用，当时兴建燕山石化厂，大型的筑造零部件运输要通过永定河，有几座桥可选，经测定，最终还是选择了800年以前建设的这座古桥来通过。可见此桥的坚固耐用，历久弥新。这座古桥始建于大定二十九年（1189年），历时3年建成，初名广利桥。今测桥长212.2米，合计两端引桥总长266.5米，宽9.3米。桥下有11个孔洞，各孔洞之间采用连续桥的结构方法，每相连的两孔都有一座共同的拱脚，使各拱结成整体。每孔的承载都均匀分布于各桥孔，桥墩迎水面修成尖状，各安置一根上下垂直的三棱形铁柱，人称"斩龙剑"，不仅有利于分水，而且在迎击冰块时也有保护桥墩的作用。背水一面作船尾状，水一流出券洞即可分散，以减

卢沟桥

少券洞内水流的挤压力。桥面两侧设281根望柱，279块石栏板。每根望柱顶端雕有形态各异、栩栩如生的大小石狮子数百个。①每块栏板上刻有精美的花纹图案。东头两侧有伏地大石狮，西头两侧有伏地大石象，皆作头抵桥栏杆状，以防其外倾。整座石桥建造得科学坚固，雄伟壮丽，堪称展示石雕艺术的长廊。

其实，这座桥的建造，对于金王朝而言，主要功能是用于帝王祭祀。卢沟桥是大西山金皇陵的专属通道。

---

① 民间有句歇后语说："卢沟桥的石狮子——数不清"，1962年有关部门专门派人清点，逐个编号登记，清点出大小石狮子485个，在1979年的复查中，又发现了17个，这样大小石狮子的总数应为502个。建筑学家罗哲文先生《名闻中外的卢沟桥》一文曾对这些雕刻精美、神态活现的石狮子有过极为生动的描绘："……有的昂首挺胸，仰望云天；有的双目凝神，注视桥面；有的侧身转首，两两相对，好像在交谈；有的在抚育狮儿，好像在轻轻呼唤；桥南边东部有一只石狮，高竖起一只耳朵，好似在倾听着桥下潺潺的流水和过往行人的说话……真是千姿百态，神情活现。"

■ 海陵王迁都

早在 12 世纪初，生活在我国东北白山黑水之间的女真族的一支，在其首领完颜阿骨打的率领下，统一了东北女真族后，经过几年艰苦卓绝的对契丹辽国的征战，逐渐强大，于辽天祚帝天庆五年（1115 年）称帝，即金太祖，建都会宁府（今黑龙江阿城），国号金。金太祖死后，其弟完颜晟继承皇位，号太宗。太宗死后，皇位传至太祖之孙完颜亶，即金熙宗。到这个时期，金熙宗的堂兄弟海陵王完颜亮实际掌握着金廷军政大权，控制朝政。皇统九年（1149 年）十二月，发动宫廷政变，杀金熙宗夺取帝位，改元天德，谥号海陵王。完颜亮登上皇位以后，采取了一项最重要的措施，就是把作为王朝政治中心的国都从东北女真族聚居的上京（会宁府），迁移到了燕京。

当时，迁都的阻力非常大，不少女真贵族认为，上京为龙兴宝地，祖宗的陵寝也在这里，不应轻易放弃。海陵王于天德三年（1151 年）顶住各方的压力，下诏迁都燕京。诏曰：过去分设燕京行台尚书省，本是由于战时"边防未宁，法令未具"，以致"人拘道路之遥，事有岁时之滞。凡申款而待报，乃愈速而愈迟"。今则"庶政惟和，四方无侮"，如仍将国都留在上京，领域广阔，治理不便，转运困难，也不利于掌握民间疾苦与民情动态。[①]其实，海陵王决定迁都，还在于他夺取帝位时，杀戮了一大批反对他的上京权贵，远离上京则可减少这些反对势力对其帝位的威胁。金天德三年（1151 年）闰四月，海陵王派尚书省右丞相张浩等主

[①]［清］张金吾：《金文最》卷四《议迁都燕京诏》。

大房山金陵

持扩建燕京城,扩建皇城及宫城,营造苑囿。金贞元元年(1153年)三月,兴建告成,海陵王颁诏,正式迁都,改燕京为中都,号称大兴府。在迁都伊始,海陵王派出司天台,于中都四周勘陵,将祖宗陵寝也迁于中都,确保中都成为人心归往的所在,以此巩固中都的国都地位,保障政治重心南移。

金陵选中了金中都西南良乡县(今房山区境)西30公里的大房山,经海陵、世宗、章宗、卫绍王、宣宗五世60年间的营建,形成了一处规模宏大的皇家陵寝。据目前已经探明的情况来看,金代帝王陵主要分布在大房山东麓的九龙山、凤凰山、连泉顶东峪方圆100公里的地方,出于安葬和谒陵、祭陵的需要,在山陵东端的入陵处和山陵的主峰建行宫,大金立国前的始祖以下十帝均迁葬于大房山陵:始祖葬光陵、德帝葬熙陵、安帝葬建陵、献祖葬辉陵、昭祖葬安陵、景祖葬定陵、世祖葬永陵、肃宗葬泰陵、穆宗葬献陵、康宗葬乔陵。为了谒陵和祭陵需要跨过永定河，因此修建了卢沟桥。

金中都的营建，不仅成为金王朝的统治中心，也是北半部中国的统治中心。北京地区的历史，进入一个全新的阶段。

金中都的建设

海陵王贞元元年（1153年）迁都燕京后，城市发生了巨大的变化，开始按照都城的格局进行一系列的打造。

金海陵王下令迁都后，由张浩主持对燕京开始大规模扩建，征调的民工达八十万人，兵夫四十万人。之前，还派人对宋都汴梁（今河南开封）进行了详细考察，宫殿形制仿照于汴梁的规制。

金中都在北京城市发展史上占有重要位置，它是莲花河水系上的最后一座都城。金中都的位置在老北京城的西南。形成外城、皇城、宫城重重相套的平面布局，金中都仿汴京规制，将皇城置于大城中部，同时宫城的布局也吸纳了金上京宫城的特点，中路采用三大宫殿的布局，总体布局规整、严谨，主要建筑沿中轴线自南而北分布，既重点突出又井然有序。金中都的一些地名，在元、明、清时代仍然存在，有些地名至今仍可以看到。金中都北城墙上有四门，即会城门、通玄门、崇智门、光泰门。虽然这些城门早已毁坏不存，然而会城门这个地名却保留至今，在复兴门外大街路南、北蜂窝路东，有会城门公园、会城门桥。金中都西城墙上有三门，即彰义门、颢华门、丽泽门，丽泽门是其中偏南的城门。现在丰台区西三环南路以东，丽泽路、丽泽桥、丽泽公园均在丽泽门附近，故以得名。金代玉渊潭的钓鱼台，经元、明、清、

金中都城示意图

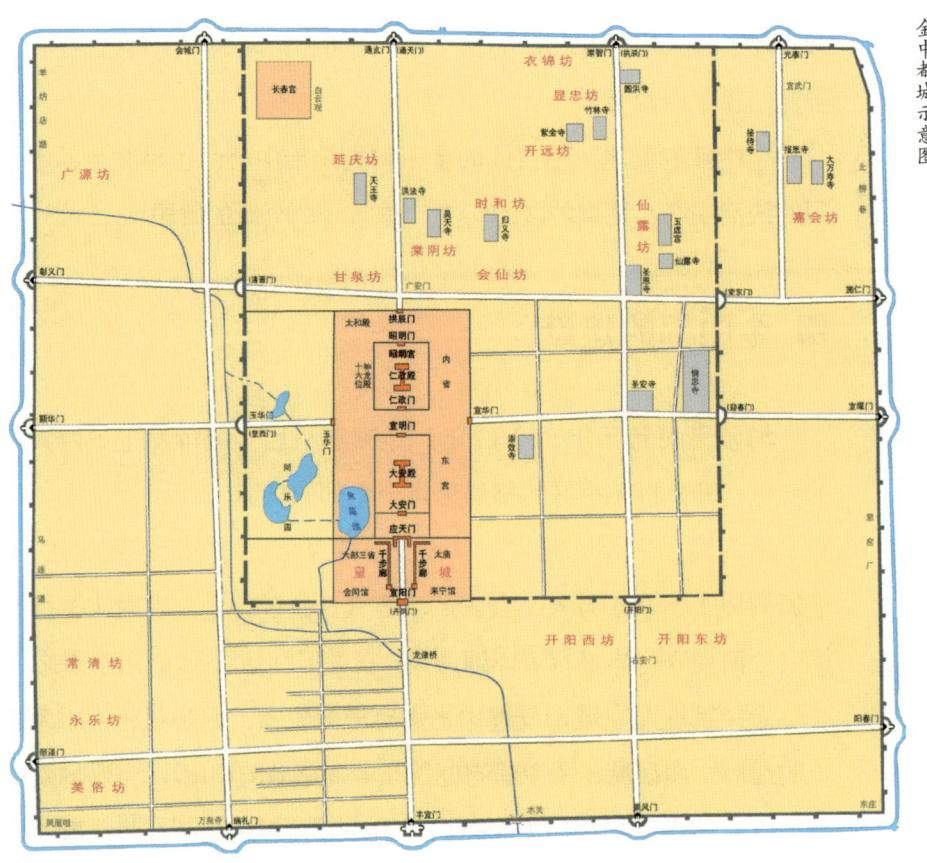

民国一直保留到今日，现在的钓鱼台国宾馆仍沿用金代钓鱼台的旧名。

■ 金中都的园林景观

金中都在郊区大肆兴建园林，其中一直保留至今的古典园林，很多是始建于金。大定十年（1170年），于今北海附近开始兴建大宁宫，大定十九年（1179年）建成，前后历时9年。大宁宫环湖而建，苑囿中有横翠殿、宁德宫，西园中有琼华岛、瑶光殿、

北海公园中的太湖石

瑶光楼，湖旁还有稻田。当时园林的布局情况大体是以琼华岛为中心，在岛上和海子周围修造宫苑。其位置相当于今天北海和团城部分。据文献记载，金代经营琼华岛时缺少太湖石，特从宋都汴京（今河南开封）拆取艮岳的太湖石来修筑琼华岛。大宁宫不仅是中都近郊最重要的行宫建筑，而且对以后元大都的选址与兴建产生了重大影响。

金章宗时期，不但出现了流传至今的"燕京八景"[1]，还出现了当时著名的金章宗的"西山八大水院"，即金章宗在西山的八座行宫。圣水院（黄晋寺），位于今海淀区聂各庄乡车耳营村

---

[1]《乾隆大清一统志》有《燕京八景》条，曰：金明昌遗事燕京八景，曰：琼岛春阴、太液秋风、玉泉垂虹、西山积雪、蓟门飞雨、卢沟晓月、居庸叠翠、金台夕照。

北海琼华岛琼岛春阴碑

西北五里；香水院（法云寺），位于今海淀区北安河乡七王坟后；金水院（金山寺），位于今海淀区北安河乡阳台山上金仙庵；清水院（大觉寺），即今海淀区阳台山（旸台山）下大觉寺；潭水院（香山寺），位于今海淀区香山公园内；泉水院（玉泉山芙蓉殿），位于今海淀区玉泉山内；双水院（香盘寺），位于今石景山区五里坨乡双泉村；灵水院（栖隐寺），位于今门头沟区妙峰山仰山下。金章宗时还开创了"寺庙兼有园林"的造园艺术，故此有"西山园林皆章宗所造"之说。西山八大水院至今历经800多年，不少景观现今仍是北京名胜。

三 马可·波罗与元大都

意大利著名的旅行家马可·波罗留下了对元大都城的描写：

整体呈正方形，周长二十四英里，每边为六英里，有一土城墙围绕全城。城墙底宽十步，愈向上则愈窄，到墙顶，宽不过三步。城垛全是白色的。城中的全部设计都以直线为主，所以各条街道都沿一条直线，直达城墙根。一个人若登上城门，向街上望去，就可以看见对面城墙的城门。在城里的大道两旁有各色各样的商店和铺子。全城建屋所占的土地也都是四方形的，并且彼此在一条直线上，每块地都有充分的空间来建造美丽的住宅、庭院和花园。各家的家长都能分得这样一块土地，并且这块土地可以自由转卖。城区的布局就如上所述，像一块棋盘那样。整个设计精巧与美丽，非语言所能形容。

这种描写是真实的，元大都城的确是一个伟大的城市。

■ 精心设计的"元大都"

金贞祐三年（1215年），蒙古军攻占金中都，金皇宫在战火中被焚毁，大火月余不绝，雄伟壮丽的金宫阙成为一片瓦砾。元中统元年（1260年），忽必烈称帝，不久即来到燕京，居于故金离宫大宁宫内，在此处理政事，国家的政治中心实际上已经南移。忽必烈初时对定都燕京并未下定决心，主张"驻跸回纥，以休兵息民"。然而大臣霸突鲁却主张：

幽燕之地，龙盘虎踞，形势雄伟，南控江淮，北连朔漠。且天子必居中以受四方朝觐。大王果欲经营天下，驻跸之所，非燕不可。①

此建议很快被忽必烈接受。至元元年（1264年），开平"加号上都"，改燕京为中都。以金中都东北太液池琼华岛为中心，另建新城，至元十一年（1274年）新城建成，命名为元大都。

元大都的设计者为刘秉忠，他在选址上进行了认真的研究和规划，摒弃了持续1000年左右的旧城址，向东北方向选新址。选在永定河、潮白河冲积扇的脊部，较四周地势稍高，具有有利的防洪条件，在这里建设新城。利用高粱河水系，将原来的金中都的西北离宫包在了城内。元大都城主要依靠来自西部的玉泉山

---

① ［明］宋濂：《元史》。

瓮山泊（今北京颐和园昆明湖）和发源于今紫竹院公园的高粱河水。瓮山泊水循长河至紫竹院，与高粱河汇而为一，至大都和义门（今北京西直门）北水门入积水潭，水量极为丰沛。这为以后北京城市的发展奠定了基础。

元大都城完全是在处女地上新建的城市，它的规划设计所遵从的是《周礼·考工记》的基本理念：

匠人营国，方九里，旁三门，国中九经九纬，经涂九轨。左祖右社，面朝后市。市朝一夫。

元大都城的格局准确地体现了中国传统的"左祖右社，前朝后市"基本原则。左祖，也即太庙的位置是在皇城之东，今朝内大街以北；右社，也即社稷坛，建于今阜内大街以北。元大都城的整个皇城即为前朝；皇城坐北朝南，其"后市"商业区就在钟鼓楼什刹海一带。宫城内的主要建筑位居南北中轴线上，南面的大明殿是皇帝处理朝政的地方。城北积水潭北岸有全市最繁华的商业市场——斜街市。设计理念清晰、准确。城内道路取方格网式布置，居住区为东西向的横巷，称胡同。元大都城的主要街道呈南北向，与东西干道共同构成了 50 个坊[①]。坊内的住宅坐北朝南，用于通行的胡同和小街则沿着南北大街的东西两侧平行展开。相对的城门之间均有宽敞平直的大道。纵横交叉的街道宽窄有明确的规定：胡同六步阔，小街十二步阔，大街二十四步阔。

与此同时，又因地制宜，都城设计不完全囿于《考工记》的

[①]孙冬虎著有《元大都"五十坊"问题考释》，认为元大都为四十九坊。

束缚。《考工记》描述"王城"是"方九里、旁三门",而大都城并非正方形而是长方形,四面城墙不等长,北面开两个门,位置与南面开三个门相互错位和不对应,这样的安排既是结合北方自然环境,同时也有道教理念的引入。天地之数,阳奇阴偶,取天数一、三、五、七、九和地数二、四、六、八、十,这些数的天地之中和,即将天数的中位数"五"和地数的中位数"六"相加,和为"十一"。这取象为阴阳和谐相交,衍生万物,天地合和,自然变化之道尽在其中。大都城既是天子王位所在,众生所依,自当被视为天地的正中。其全城设计,共开十一门。至于南墙开三门,为奇数,即天数;北墙开二门,为偶数,即地数。也就是说,在方位上,城南方向为天,城北方向为地,城南开三门,城北开二门,以此二三错综之数,以示天地相交,万物相合之意。

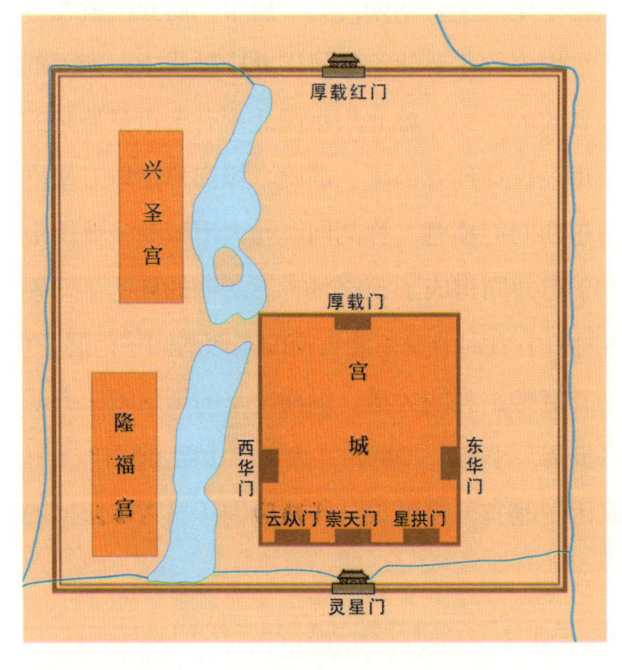

元皇城宫城示意图

元大都城中心点确定在流经城市水域的东端，在今日地安门北面的万宁桥北，建有中心台，标志着城市东西南北的中心。经考古和城市规划专家测定，中心台距元大都南、北城垣相等，距城东、西垣接近。如果用圆周来衡量，距离正好都是半径。中心台占地约一亩，旁边还建有中心阁。这种独具匠心的城市规划在中国城市建筑史上具有突出的地位。

将湖光山色纳入城市布局的核心，这是对传统设计思想的突破。整个城市紧傍积水潭东岸，垂直南下，形成设计上的中轴线。在此中轴线上，又紧傍太液池，在东岸，建造宫城"大内"，即后来所谓的紫禁城。与宫城隔湖相望，另建隆福宫，为太子所居。这一布局的结果，使太液池北部的万岁山（琼华岛）与东岸的宫城大内和西岸的隆福宫鼎足而三，布局稳定和谐，又有山光水色的衬托，规模宏伟，为历来宫城设计所未有，是城市规划和建设的重大发展。侯仁之先生认为"是体现了一种回归自然的思想，也就是道家所宣扬的'人法地，地法天，天法道，道法自然'的一种具体说明。这样就形成了自然山水与城市规划的相互结合"。

■ 元大都的水利工程

元代著名科学家郭守敬主持了一系列水利工程，是那个时代和大都城不可或缺的重要人物。郭守敬（1231~1316年），字若思，河北邢台人，精通数学、天文、地理、水利等。为了解决大都城的水源问题，郭守敬主持引水工程，从今昌平区的白浮村神仙泉引水，向西流再折向南，一路上汇集了一亩、榆河、玉泉等众泉，再截取沙河、清河的上游之水，全部流入瓮山泊（颐和园昆明湖）。

白浮泉

从瓮山泊经长河流入和义门（西直门）的水关到积水潭（又叫海子，以后明代叫什刹海）。从积水潭东的万宁桥经大都城皇城的东墙外流过沙滩、北河沿、南河沿，经御河桥南，出丽正门东水关，再转向东南流入文明门外的金闸河。再从金闸河往东40里流到通州区张家湾西的高丽庄，入白河，全长约82公里。在这条河建成的时候，元世祖忽必烈在万宁桥上看到水面全是粮船，"过积水潭，见舻舳蔽水，大悦"，命名为"通惠河"，从万宁桥到金闸河的一段因在都城内，并流经元代的皇城根，故称为"玉河"，又称为"御河"。

通惠河疏通，使南方的粮食和各种货物源源不断地运到大都城，积水潭的东北岸成为大运河的最终码头，所以积水潭一带十分繁华，旅馆、酒楼、饭馆、茶肆、各种商店等遍布沿岸，成为大都城内最热闹的地方。积水潭也成为大都城里最美丽的风景区，其中尤以荷花著称，古人多有诗文。如在《燕京岁时记》中记：

……荷花最盛，六月间，仕女云集。凡花开时，北岸一带，风景最佳。绿柳低垂，红衣粉腻，花光人面。真不知人之为人，花之为花。

有诗句："十里藕香连不断，晚风吹过步粮桥"。积水潭的"银锭观山"还成为京城里观西山的第一佳处。

通惠河的兴修，是元朝的重要利事。其一，为积水潭提供了丰富的水源，使之成为南北大运河的码头，使南方的粮食可以源源不断地运到大都来，以解决大都城的城市供给。其二，丰富的水源解决了漕运。其三，充分的水源，使周边的自然环境得到了改变，美化了大都城，使大都城真正成为一个宜居的城市，当时有诗存正，元代诗人马祖常有咏高梁河诗：

天上名山护此邦，水经曾见注高梁。一舫清浅出昌邑，几折萦迴朝帝乡。和义门边通辇路，广寒宫外接天潢。小舟最爱南熏里，杨柳芙蕖纳晚凉。

其四，是地下水的补给，间接解决了大都城的城市饮用水。从瓮山泊流到今紫竹院湖，经高梁河，有两条支流，一条入北支流，到北护城河、坝河，最后进入温榆河；向南的支流，到积水潭、什刹海、北海、中海、龙潭湖，最后到北运河，大都城的所有地面的水系，都与它有关系，在流经的范围内，地下水得到了相应的补充，这使大都的水井挖到地下2~3米就能够见水。

■ 元大都的胡同与四合院

　　北京的胡同形成于元朝，明、清以后又不断发展。据《析津志辑佚》中记载：有"三百八十四火巷，二十九胡同。"也就是说共有街巷胡同 413 条，其中 29 条直接称为胡同，而那 384 条火巷，其实也是广义上的胡同。胡同一词最初见诸元杂曲，如关汉卿《单刀会》中，有"杀出一条血胡同来"之语。元杂剧《沙门岛张生煮海》中，张羽问梅香："你家住哪里？"梅香说："我家住砖塔儿胡同。"由此可见，胡同之名始于元代，至今有 700 多年的历史了。① 元人熊梦祥所著《析津志》中有"胡通二字本方言。"明人沈榜在《宛署杂记》有"胡同本元人语"。现在对"胡同"一词含义和来源的解释主要有："水井"说，在蒙古语、突厥语、满语中，水井一词的发音与胡同非常接近，水井是居民聚居区的代称进而成为街道的代称，由此产生了胡同一词；"浩特"说，蒙古语将城镇称为"浩特"，后来"浩特"演化为"火弄"或"弄通"，进而演化成今日的"胡同"和"弄堂"；还有"胡人大同"说，认为胡同一词是元朝时政治口号"胡人大统"的简化版。

　　胡同是由民居院落构成，《元史·世祖本纪》：

> 至元二十二年（1285 年）二月壬戌，召旧城居民之迁京者以赀高及居职为先，仍定制以地八亩为一份，其或地过八亩及力不能作室者，皆不得冒据，听民作室。

---

① 《北京胡同丛谈》，载于《北京史大事纪年·北京胡同丛谈》（北京史研究通讯增刊本），1981 年第 8 期，第 45 页。

时人在八亩一份的土地上开始建造居住院落，由此可见，"八亩为一份"是原蒙古建房的旧制，而新大都的规划与建设也保持了原来的习惯：按份授地，所以新大都城的房子留下了足够的建房空间，这也是与马可·波罗所记述的划地为方形，划线整齐建筑房舍，每方足以建筑大房子的记述是相吻合的。

四合院的基础也应该是从这些房子开始的。在20世纪六七十年代修建北京第一条地铁时发现了后英房元代居住遗址，地处今西直门里后英房胡同西北的明清北城垣墙基下，这处遗址，只保留了明显的房基。整个院子由主院、后院和东西跨院组成，总面积200多平方米，主院正中偏北是五间正房，前出轩廊，后有抱厦，台阶两侧饰有精美的砖雕"象眼"，院子中铺有高低错落的露道，以连接东西跨院，院落里无南房。北房与厢房之间以围墙封闭，前院到后室中间用穿廊相连，从上看形成一个工字形的格局，这与明清时期的四合院有差异。与后英房元代居住遗址同时发掘的还包括：西直门至安定门原北城墙南侧的后桃园、西绦胡同、旧鼓楼大街豁口、雍和宫后身等处。从这些房子的情况来分析，可以明显反映出以下特点：

较大的院子——后英房胡同的院子是200多平方米的一个狭长的院子，由围墙围起来，显然，这个院子是为马匹准备的。

不严格的规制——例如后英房胡同的院子呈工字形的格局，不是四合的。其次就房子格局而言，也不受规制制约，在西绦胡同发掘出的居住遗址，从房子的地基来看，整个院子共有6间房，分为3间北房、3间南房，北房的基础却低于南房的基础；从房子的台阶和面积来看，南房还略大于北房。究竟哪个是正房，现有资料还无法给出明确的结论。

先进的建筑材料——从发现的元代居住遗址中，我们可以清楚地看到，石材、砖瓦、木料基本上是与其以后的建房材料差不多。这足以说明，当时北京地区的建筑材料的生产与使用达到了一定的水平。石材基本上采自大都周围的地区。房山、门头沟等地区从辽金以来，一直为城市的建筑提供源源不断的建筑材料，特别是元大都城的兴建，又进一步刺激了建筑材料的生产，砖、瓦、灰、沙、石的生产规模越来越大，在元代的一些文献中有比较多的反映。

生活设施具有一定的水平——在后英房的遗址中发现有烧火做饭用的煤炉，这种煤炉与北京20世纪五六十年代居民使用的火炉几乎一模一样，也是铁皮包裹，三条腿，炉面宽大可以放一些保温的器皿。

■ 元大都文化事业的兴盛

元代的统一结束了长期南北分裂的局面，大批学界名流汇集于大都，为大都的文化发展创造了有利条件。为提倡儒学，特建太极书院，邀请名流教学讲课，使宋儒理学在大都广为流传。刘秉忠、姚枢、许衡等都是元代著名儒士。国家设有专门机构负责修撰起居注、实录与国史，二十四史中的《宋史》《辽史》《金史》都完成于元代。地方志编纂也取得了重大成果，于大都编纂而成的《大元一统志》，全书共1300卷，是我国第一部以《一统志》为名的官修总志，明清时期编纂的《一统志》即源于此。元末熊梦祥编纂的《析津志》，可能是北京最早的地方志书，对研究北京地区的历史、地理价值极高。大都的杂剧卓有成就，也是元代文化最具华彩的地方。其中成就最高、影响最大的首推关汉卿。关汉卿为大都人，一生创作60多种剧本，现存13种，残曲3种。关汉卿的《窦娥冤》与马致远的《汉宫秋》、王实甫的《西厢记》、纪君祥的《赵氏孤儿》、白朴的《梧桐雨》并列成为元曲作品的代表。元好问是金末元初最著名的文学家，元初诗坛受其影响甚大，他数度至燕京，与大都文人相唱和。他创作的《蜀昭烈庙》《宿翠屏口》《出都二首》等诗作名篇，均与燕京景物相关。居住在燕京的还有元初著名的艺术大家赵孟頫，他的诗文高妙，而且书画艺术超绝，他的作品在我国美术发展史上占有重要地位。

■ 元大都的重要遗存

元大都土城遗址

元大都城墙遗址位于现朝阳区、海淀区境内，是当年元大都北城墙和西城墙的北段。城墙全部用夯土筑成，1957年被公布为市级文物古迹保护单位。1989年9月于健安东路西端北侧立有《元大都城垣遗址》碑一座，碑高2.5米，宽4米，厚1米。碑面东向刻有600余字的《大都赋》；碑面西向刻有《元大都城垣遗址》碑铭，碑文简要介绍了元大都城墙700余年沧桑变迁。位于北土城东路南侧的城垣遗址已辟为公园，名"旭芳园"。2006年5月25日，名列为第六批全国重点文物保护单位之一。

大圣寿万安寺俗称白塔寺

辽时曾有塔，已废。元至元八年（1271年），忽必烈敕令在辽塔遗址的基础上重新建造一座喇嘛塔。由当时入仕元朝的尼泊尔匠师阿尼哥主持，经过8年的设计和施工，到至元十六年（1279年）建成白塔，并随即迎请佛舍利入藏塔中。忽必烈又下令以塔为中心兴建一座"大圣寿万安寺"。史书称，这座寺庙的范围是根据从塔顶处射出的弓箭的射程决定的，面积达16000平方米。然而根据当时街道和周围建筑物位置的推定，当时的白塔寺和今日白塔寺南北向的范围是基本相同的。这是当时营建元大都城的一项重要工程，寺院在至元二十五年（1288年）落成，成为元朝的皇家寺院，也是百官习仪和译印蒙文、维吾尔文佛经之处。忽必烈去世后，白塔两侧曾建神御殿（影堂）以供祭拜。元

白塔寺

成宗时，寺内香火极为旺盛，在元贞元年（1295年）由皇帝亲自主持的一场"国祭日"佛事活动中，参加者竟达7万之众，堪称是白塔寺发展的鼎盛时期。但是至正二十八年（1368年）的一场特大雷火，烧毁了寺院所有的殿堂，唯有白塔幸免于难。白塔总高51米，砖石结构，白色体躯，塔基是用大城砖垒起，呈T形的高台，高出地面两米，面积为1422平方米。在塔基的中心，筑成多折角方形塔座，面积为810平方米，叠高9米，共三层，下层为护墙，二、三层为须弥座，座上的塔身是硕大的白垩色的覆钵体，形状如同葫芦；上半部为圆锥形，有13节，称"十三天"，顶上花纹铜盘的周围悬挂36个小铜钟。风吹铃铛，声音清脆悦耳。铜盘上竖八层铜质塔刹，高五米，分为刹座、相轮、宝盖和刹顶几个部分。

万松老人塔

万松老人即万松行秀禅师，自称万松野老，是金元间著名的佛学大师。其名声因当时的蒙古中书令耶律楚材师事之而益彰。耶律楚材向他参学3年，万松老人曾提出"以儒治国，以佛治心"，因而耶律楚材在元太宗任中书令（相当于宰相）时，推行其主张。万松老人圆寂后修此墓塔，塔原为八角七级密檐式砖塔。清乾隆十八年(1753年)重修时加高至九级。塔上嵌有石刻一块，上书"乾隆十八年岁次癸酉谷旦康亲王永恩奉敕重修"。民国十六年（1927年）由叶恭绰等人重修。1986年西城区人民政府拨款维修砖塔，在维修中发现了清重修时裹砌其内的元塔。砖塔胡同也由此"砖塔"而得名。万松老人塔是北京城区内仅存的一座砖塔。现已公布为北京市文物保护单位。砖塔胡同34号院，鲁迅1923年8月

万松老人塔

2日至1924年5月20日曾在此居住。①

① 《北京市西城区地名志》编辑委员会：《北京市西城区地名志·政治聚落地名篇》，北京出版社1992年版，第138~139页。

四　北京——明代的京师

洪武元年（1368年），朱元璋在应天（今南京）称帝，建立明政权。靖难之变后明成祖朱棣登基，北平作为朱棣的龙兴之地自然受到高度重视。永乐十八年（1420年），正式宣布定都北京，改北京为京师。南京改作留都，实行两京之制。

■ 北京城的建设

明洪武元年（1368年），徐达率军攻陷元大都，因朱元璋已定都南京，按古制北京已不能继续保持都城规模，必须实行削城，以压低其等级。于是，"命指挥华云龙经理故元都，新筑城垣，南北取径直，东西长一千八百九十丈"，[1]将元大都北垣南移至今

---

[1]《明太祖实录》卷30。

安定门、德胜门一线重建，即向南移五里。不久，又"改故元都安贞门为安定门，健德门为德胜门"。①大都南缩后，新筑城垣的西端正对长河，因当时形势严峻，根本不允许填平河道后再去修筑城墙，作为权宜之计，只好将新墙的西端向南偏斜，使城池西北缺掉一角。②改建后的北京城，面积缩小近2/5，形制也由元大都南北长、东西短的长方形改为东西长、南北短的扁方形。永乐定都北京后，原有城市规模明显过小，扩城成为必然之举。永乐十七年（1419年），"拓北京南城，计二千七百余丈"，③将北京南垣于今前三门一线重建，北京城基本形成正方形形制，皇城也由位于大城的南部而改为大体居中的位置。永乐之后，历代王朝对北京城垣都有修葺，但规模最大的整修工程当数正统时期。这时期主要增建了各城门的门楼，加深了城壕，改建了桥闸，在城墙四角还修建了角楼，并改丽正门为正阳门，文明门为崇文门，顺承门为宣武门，齐化门为朝阳门，平则门为阜成门。其余城门，北垣西为德胜门，东为安定门；东垣北为东直门（元之崇仁门），南为朝阳门（元之齐化门）；西垣北为西直门（元之和义门），南

---

① 《明太祖实录》卷31。
② 不同的解释还有很多：其一，当初城墙是按矩形设计的，千方百计地想把矩形图案的对角线交在故宫的金銮殿上，以表示皇帝至高无上的中心地位。但由于自然原因，最终还是偏离了金銮殿。为避免杀身之祸，他们只好去掉一角，这就是西北角。其二，明朝建筑北城墙时，西北角修建为直角，但不知何故，屡建屡塌，前后百年间，不知道修建了多少次。出于无奈，最后建为斜角。其三，古代有一种说法，认为西北方向是个缺口。如西汉刘安写有《地形训》，认为大地八方有八座大山支撑着天体，其中支撑西北方向的山叫不周山；《天文训》讲八方吹来八风，西北方向吹来的风称不周风，东汉班固解释为不周就是不交之意。按这种解释，西北两个方向不应该互相连接，而应缺口。
③ 《明太宗实录》卷105。

为阜成门（元之平则门）。到明中期嘉靖三十二年（1553年）又增建外城，外城南垣中设永定门，其东为左安门，其西为右安门；外城东垣设广渠门，东北角设东便门；外城西垣设广宁门，西北角设西便门。明代兴建外城之际，原规划于内城郊外四周兴建城垣，"周长共计七十余里"，[①]内城包在其中，使北京城由"口"字形改为"回"字形。但施工中途由于资金不足，只好修改规划，"止筑一面"，[②]即只在南面修筑城墙，把前门外商业区和金中都旧城的东部包入城内，其余部分待财力许可时再建。通过这次整修，北京的内城基本定型。

正阳门内皇城之前，是国家官署机构办公区。这些机构主要分布在千步廊的东西两侧。明代，东侧有宗人府、吏部、户部、礼部、兵部、工部、鸿胪寺、钦天监、翰林院等机构，西部有五军都督府、太常寺、通政使司、锦衣卫等机构。官署机构集中布置在皇城前方，使大臣朝见皇帝更加方便。

明改造元大都为北京，最大的变动是毁去元宫，建新紫禁城，紫禁城宫殿由数十个大小宫院组成，主要宫院在中轴线上，次要的对称布置于轴线两侧。中轴线上的主殿有前三殿和后两宫。主要宫院都屡建屡毁。前三殿在明代经正统五年（1440年）、嘉靖四十一年（1562年）、万历四十三年（1615年）、天启五年（1625年）数次重建。后两宫经明正统五年（1440年）、正德十六年（1521年）、万历二十六年（1598年）、万历三十二年（1604年）几次大修，又在正德末嘉靖初期在两宫之间增建了交泰殿。现存三殿、

---

① 《明世宗实录》卷396。
② 《明世宗实录》卷397。

两宫各单体建筑已非明初原物，但整组官院的占地范围，门、殿、廊、庑的台基，主殿下工字形汉白玉石台座就是明代所建。

同时还建有太庙和社稷坛。在北京正阳门南偏东的元代天地坛基础上建立天坛，作为祭天之用。当年又在天坛之西建山川坛，内有先农坛等建筑。嘉靖九年（1530年）在安定门外建立地坛；在朝阳门外建朝日坛；在阜成门外建立夕月坛。明成祖时议立帝王庙，到嘉靖十年（1531年）在阜成门内大慈恩寺基础上改建，称历代帝王庙。永乐元年（1403年），在元代文庙的基础上建孔子庙，嘉靖九年（1530年）改称先师庙。先师庙今保存完好。

明代故宫建筑群，是现存中国最完整、规模最大的古代建筑群。故宫建筑群集中反映了古代中国工匠们的智慧与创造力，体现了古代中国建筑艺术的深厚积淀与优秀传统，其设计者和奠基人是明代卓越的建筑师蒯祥。蒯祥生于明代洪武年间，今江苏人，原是香山一带家喻户晓的木工，同时对石工、土工、油工、竹工等各个建筑工种都能自如掌握和灵活运用，主持设计和建造了紫禁城、长陵、献陵、裕陵、隆福寺、西苑等。在承担承天门设计、规划、组织建设中，朱棣亲自视察，大为欣喜。称蒯祥为"蒯鲁班"。

民间一直流传着蒯祥的一个故事。据说建造皇宫时，缅甸国向明朝进贡了一块巨木，朱棣下令把它做成大殿的门槛，但一个木匠不留神锯错了，短了一尺多。木匠吓得脸色煞白，慌忙报告蒯祥。蒯祥看了，让那个木匠再锯短一尺多，大家都很惊愕。之后，蒯祥就在门槛的两端雕琢了两个龙头，再在边上各镶上一颗珠子，还搞了创新，让门槛可以装卸。皇帝见了十分高兴，大加赞赏。这就是俗称的"金刚腿"（活门槛）。

实际上，年纪轻轻的蒯祥进京时，宫殿的修建已是热火朝天的关键时刻，不可能这个时候才开始设计。曾任故宫博物院古建部高级工程师的于倬云认为，真正的设计者是名不见经传的蔡信。故宫博物院古建部的研究员李燮平也质疑说，1417年故宫初建时，蒯祥只有不到20岁，无论从年龄还是资历来看，都难以胜任设计整个工程。蒯祥的贡献应主要体现在正统那次的重建工作。另有专家提出，故宫的设计人应该是杨青。但他留下的资料更少，只知道是一名瓦工，据说连杨青这个名字都是朱棣赐的。

■ 京城（北京）的中轴线

明代北京城市所设计形成的，以宫城为中心的向心式格局和自永定门到钟楼长7.8公里的城市中轴线，是古代北京最值得骄傲的设计范例。中国建筑大师梁思成在《伟大的中轴线》一文中曾赞美这条中轴线是"一根长达八公里，全世界最长，也最伟大的南北中轴线穿过全城。北京独有的壮美秩序就由这条中轴的建立而产生；前后起伏、左右对称的体形或空间的分配都是以这中轴线为依据的；气魄之雄伟就在这个南北引伸、一贯到底的规模"。

这条中轴线南起外城永定门，经内城正阳门、大明门（清称大清门，民国称中华门）、天安门（明称承天门）、端门、午门、太和门（明时称奉天门、皇极门），穿过太和殿（奉天殿、皇极殿）、中和殿（明初称"华盖殿"，嘉靖时遭遇火灾，重修后改称"中极殿"）、保和殿（谨身殿，后改称建极殿）、乾清宫、坤宁宫、神武门，越过万岁山万春亭、寿皇殿、鼓楼，直抵钟楼的中心点。好似北京城的脊梁，鲜明地突出了九重宫阙的位置，"择天下之

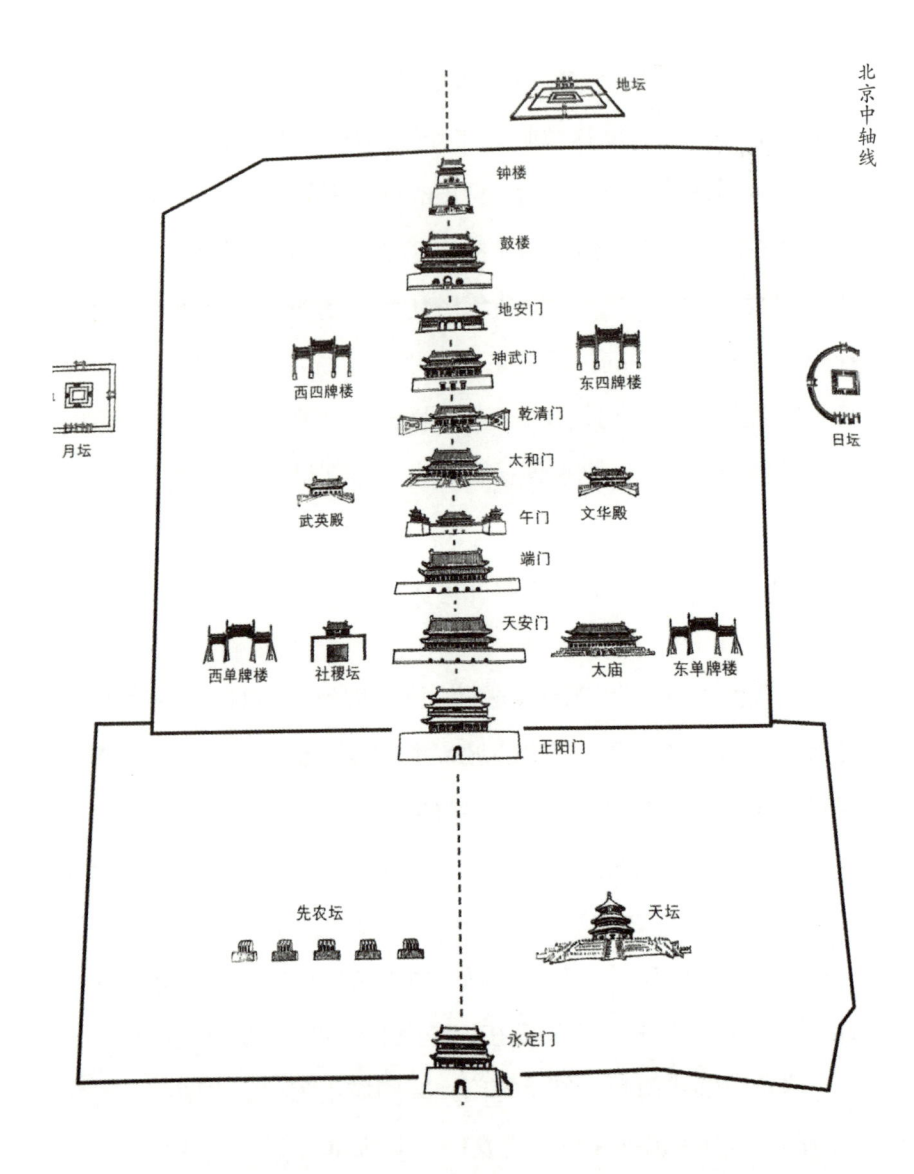

北京中轴线示意图，自北向南依次标注：地坛、钟楼、鼓楼、地安门、神武门、乾清门、太和门、午门、端门、天安门、正阳门、永定门；两侧分别标注：月坛、西四牌楼、武英殿、西单牌楼、社稷坛、先农坛；日坛、东四牌楼、文华殿、太庙、东单牌楼、天坛。

中而立国，择国之中而立宫"。这是古代营建都城的核心思想。这里的"国"指国都，"中"代表中心，代表中轴。中轴线则由紫禁城向南北延伸形成，跟紫禁城外中轴线上的建筑结合，形成"中"字形象。这也极具象征意义，体现了封建帝王居天下之中"唯我独尊"的思想。

景山公园南门和绮望楼

　　中轴线的最高点是景山，景山原名"万岁山"，也是明代北京城市建设的重要杰作，用挖掘护城河和南海的泥土堆筑而成。也符合古代风水学要求宫殿"背山面水"这种理念。还有一种说法是，原来万岁山中峰，恰好居于元代宫城最重要的宫殿——延春阁的位置。于是，万岁山的另一层意义是明朝用于压制元朝的"风水"，让它永无翻转的机会。所以万岁山也叫"镇山"。从建筑的角度来看景山占据着都城的轴心位置，增加了中轴线的起伏感，有些专家评价"随建筑高度的起伏而具有了跳动的乐感"。

■ 长城及关隘

　　中国历代都以长城为捍卫国家的屏障。明朝建国后，明太祖仍用长城防敌，洪武元年（1368年），他即命大将徐达、副将常遇春指挥修建长城，其后200多年不断修建长城，办法是将明代以前历朝所修北部长城联结起来，作为一个整体，完善防御设施。今存的东起山海关，西至嘉峪关的"万里长城"就是明代最后完成的。在北京地带内的居庸关、八达岭段是工程完美、建筑雄壮而有代表性的一段。

八达岭长城

位于居庸关关沟北口，与南口相对，为居庸关之门户。从八达岭俯视居庸、远眺京城，地势险要，古人云"居庸之险不在关城而在八达岭"，其名称由于此地南通南口、北京，北达延庆、永宁，西向宣化、张家口，道路从此四通八达，故名。八达岭在这里两山夹峙，中通一径，在岭口之间，有一小小的关城，该段长城即从关城两侧面依山而筑。关城始建于明弘治十八年（1505年），有东西两座关门，相距64米，其东门门额"居庸外镇"题写于明嘉靖十八年（1539年），西门门额"北门锁钥"题写于明万历十年（1582年），其城东窄西宽，周长约300米，两门券洞上有平台，两侧各开一口与两侧城墙相连。

八达岭段长城全长2.5公里，共有两层敌台19座，修建于明隆庆至万历年之间，墙身下砌花岗岩条石、上砌城砖、墙顶青砖铺面，因依山而建，高低宽窄不一，均高约8米，顶均宽5.7米，可"五马并骑，十行并进"。

慕田峪关

明内长城隘口，位于渤海镇慕田峪村东北。明永乐二年（1404年）建关，是昌镇黄花路所辖最东隘口，关西1公里有堡，在今慕田峪村东侧，顺山势呈东北西南向，近似梯形，北墙长125米，南墙长110米，东墙长72米，西墙长80米，东南向开一门，现堡已毁，尚有遗迹，关城石匾额"慕田峪关"尚存。关口建于两峰低凹处，是由三座敌台相连而成，称为"正关台"。正关台是慕田峪关的前哨，三座敌楼并立，两侧楼体较小，中间楼室宽大，三座敌楼之上有三座望亭房。关口不由城台正中开设，而在东侧设一门，沿陡坡筑成台阶进出，独特的关门建设为长城罕见。关口东是三条长城会于海拔高603.3米山顶上的大角楼。

明隆庆元年（1567年），抗倭名将戚继光和谭纶调到蓟州，统辖蓟镇军事防务，大规模整修了辖区内的长城。慕田峪长城是以慕田峪关为核心的一段长城。墙体高为8米，底宽6米，上宽4米，内外两面均以13层青色花岗岩条石起基包砌，墙上内外两侧均筑有长约166厘米、宽33厘米、高66厘米的垛口，垛口之下设箭孔，险要处有炮台，在主体之外建有"支城"，即在内外两侧的险要地段再修出长几米或几十米的支城，当地人称为"刀

慕田峪关

把楼"。慕田峪长城的敌楼不论规模大小,都建成上下两层,中间留有"品"字形或"回"字形通道,通道四面建有箭窗,楼顶上环以垛口。

古北口

古北口位于山海关和居庸关之间,是万里长城上著名的关塞之一,有"京师锁钥"之称。自古以来,古北口因其蟠龙山、卧虎山两山双峰壁立,潮河、汤河穿镇而过,被誉为"地扼襟喉趋朔漠,天留锁钥枕雄关"。全长40余千米的古北口长城现存敌台143座、烽火台14座、关口16个、水关长城3个、关城6个、瓮城3个,古北口长城的制高点分布在望京楼、姊妹楼长城、仙女楼、将军楼、水楼水关等遗迹。在古北口蟠龙山城段内,有两座敌台四面各设六个箭窗(其中两个台门),上下两排,每排三个(中层建筑为两层),当地百姓称24眼楼,也称双层楼子。所

古北口长城

有敌楼与边墙相连的两面,开有台门与马道相通。

■ 明十三陵的建造

明成祖决定建都北京,永乐五年(1407年)即开始在此选择建陵的地方,作为"万年吉地"。他选定了昌平以北的黄土山修建自己的陵墓,永乐十一年(1413年)修完,定名"长陵",并将黄土山改称天寿山。他死后葬入长陵,其后明朝诸帝除景泰帝被贬不以帝葬之外,都葬于天寿山及周围山地中。计有仁宗朱高炽(献陵)、宣宗朱瞻基(景陵)、英宗朱祁镇(裕陵)、宪宗朱见深(茂陵)、孝宗朱祐樘(泰陵)、武宗朱厚照(康陵)、世宗朱厚熜(永陵)、穆宗朱载垕(昭陵)、神宗朱翊钧(定陵)、光宗朱常洛(庆陵)、熹宗朱由校(德陵)、末帝朱由检(思陵)。十三陵的每个陵都有祾恩门、祾恩殿、明楼、宝城等地上建筑物,宝城之下为地宫,是安葬皇帝的地方。各陵不仅地上建筑宏大(思陵除外),地下宫殿也非常奢侈。这十三个皇陵在京北形成了一个陵园,陵园之外有石坊、碑亭,碑北至陵门道路两侧立有石人(文武臣)、石兽,夹持"神道",非常壮观。十三陵专设军队守卫,每陵设军一卫(统五个千户所),指挥部均设在昌平州内,保护陵园。十三陵的修建耗去大量人力、物力及财力。

五 清代京师的建设

清顺治元年（1644年）清兵入关，依旧定都北京，除修缮宫殿、城墙外，对明朝的北京城原原本本地接收，为清所用。

■ "三山五园"的建造与经营

清一代，花费力量最大的是营建西郊园林，经过大规模开发兴建，最终形成以"三山五园"即万寿山、玉泉山与香山，畅春园、圆明园、清漪园、静明园与静宜园为代表的西郊园林风景区。

畅春园

清康熙二十三年（1684年）康熙帝首次南巡，对江南的灵秀山水、风光园林十分喜欢，回京后在海淀明代清华园旧址上修建畅春园。建成清入主中原以后第一座"避喧听政"的离宫御苑，也是首次全面引进江南造园艺术的皇家园林。

畅春园占地面积约60公顷。园中分为三路，园中山水布局具有特色，人工挖湖堆山30余座，较大水面10余处，水源从万泉河注入。园内泉水丰富，叫得上名的有水壶泉、锦澜泉、藕泉、跃鱼泉、松泉等。园中山石皆出自摆山叠石张然之手，山态叠置峻峭，峰峰争奇，万石苍翠。

畅春园建筑疏朗，园林景观以植物造景为主，有绛桃堤、丁香堤。明代遗留古树参天，新植桃花成林，牡丹益佳，玉兰高茂，还有葡萄架连数亩，有黑、白、紫、绿诸种，皆来自哈密。康熙帝在御制畅春园记中云："秦有阿房，汉有上林，唐有绣岭，宋有艮岳，朕匪敢希踪古人比美。"园中湖光山色、奇花异草、亭台楼阁、建筑豪华，不逊于历代名园。康熙帝从首次驻跸畅春园开始，至康熙六十一年（1722年）十一月十三日病逝于园内，

畅春园遗存

36年间累计驻园257次，3860余天。被传为佳话的康熙"千叟宴"也在此举办，清代历朝皇帝园居理政遂成惯例。可惜现在只能看到清雍正时期兴建的恩佑寺与乾隆时期兴建的恩慕寺，两寺山门为目前畅春园保留之唯一遗迹，但关于恩佑寺的兴建过程及规制，官书记载简略，目前所见最为完备的描述，乃出自朱彝尊编的《日下旧闻》。据载，此寺有山门两重，正殿两座。汉传佛教规制，与所有敕建寺庙一样规模完备。

圆明园

清雍正三年（1725年），皇帝将其做皇子时的赐园圆明园扩建，至雍正末年，圆明园面积达200公顷。据《日下旧闻考》记载，至少有28处曾经雍正帝题署，即正大光明、勤政亲贤、九州清晏、

圆明园遗址

圆明园示意图

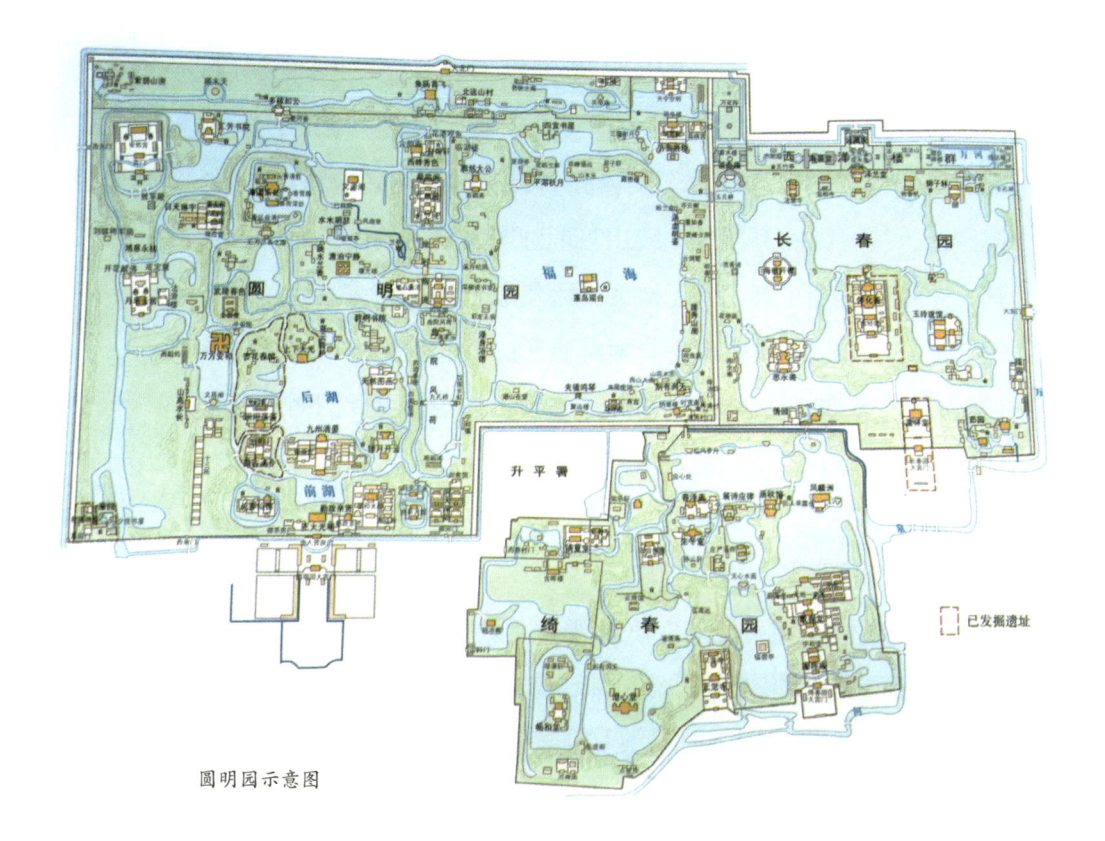

镂月开云、天然图画、碧桐书院、慈云普护、上下天光、杏花村馆、坦坦荡荡、茹古涵今、长春仙馆、万方安和、武陵春色、汇芳书院、日天琳宇、澹泊宁静、多稼如云、濂溪乐处、鱼跃鸢飞、西峰秀色、四宜书屋、平湖秋月、蓬岛瑶台、接秀山房、夹镜鸣琴、廓然大公、洞天深处。乾隆帝即位之时，对圆明园进行第二次扩建，园景达40处。新增建或题署的12处是曲院风荷、坐石临流、北远山村、映水兰秀、水木明瑟、鸿慈永祜、月地云居、山高水长、澡身浴德、别有洞天、涵虚朗鉴、方壶胜境。乾隆九年（1744年）圆明园第二次扩建工程告一段落。是年乾隆皇帝命画师唐岱、沈源等绘成绢本设色的《圆明园全图》，合题跋共八十幅，汪由敦奉敕书。每幅绢心长二尺，阔二尺四分，檀木夹板装为上下两册（此图现藏法国巴黎国家图书馆）。乾隆九年（1744年）之后，皇帝除对圆明园仍屡有增修外，又在圆明园的附近先后增建长春园、熙春园、绮春园和春熙院，统由管理圆明园事务的内务府大臣管辖。至乾隆后期，圆明园已成为五园贯联一体的宏大宫苑。嘉庆七年（1802年），嘉庆帝将春熙院赐予庄静固伦公主；道光二年（1822年）道光帝又将熙春园赐予淳亲王绵恺。至此圆明五园变成圆明三园。

玉泉山与静明园

玉泉山位于北京西郊，以泉著名，静明园位于玉泉山之阳。玉泉山呈西北走向，纵深1300米，东西最宽处约450米，山的主峰海拔100米。山中洞壑迂回、流泉密布、泉水清澈、晶莹如玉，故称玉泉山。山中泉水充沛，在山的西南麓，一组最大泉眼称玉泉池。玉泉山顶，原有金代行宫芙蓉殿故址。清康熙十九年（1680年），将玉泉山改建为行宫，名澄心园。康熙三十一年（1692年）改称静明园。康熙、雍正时期的静明园，其范围大致在玉泉山的南坡和玉泉湖、裂帛湖一带。

清乾隆十五年（1750年），对静明园进行扩建，玉泉山及山麓的河湖地段全部圈入宫墙之内，面积约650000平方米。乾隆十八年（1753年）基本建成，定园中16景，以四字命名。其中主要的景区有：廓然大公，是静明园的宫廷区；芙蓉晴照，位于廓然大公北面湖中，是湖心的一处建筑；玉泉趵突，指的是芙蓉晴照之西、山畔的泉水。静明园玉泉山以泉水最负盛名。金章宗把玉泉纳入"燕京八景"，定名"玉泉垂虹"。因玉泉之水乃是从山根涌出,"喷薄如珠",故而在乾隆时又把"玉泉垂虹"改称"玉泉趵突"。后又增 16 景,皆以三字标题,即清音斋、华滋馆、冠峰亭等。

香山与静宜园

静宜园位于北京西郊的香山。金代大定二十六年(1186 年)曾在此建大永安寺及行宫。元明时期也续有营建。康熙时期开始修缮香山佛殿,并建立香山行宫。乾隆十年(1745 年),在林隙崖间增建殿台亭阁,修建宫门、朝房,还加修了一道周长约为

香山静宜园琉璃塔

5000 米的外垣，形成一处规模宏丽的皇家苑囿，并赐名静宜园。静宜园分内垣、外垣和别垣，园内建筑繁多，著名的有 28 景。自勤政殿至雨香馆属内垣，共 20 景。自晞阳阿至隔云钟为外垣，有 8 景。别垣在外垣之外，有昭庙、正凝堂、畅风楼。乾隆皇帝十分喜爱香山静宜园，乾隆二十六年（1761 年）和乾隆三十六年（1771 年），先后两次在此为其母皇太后祝七旬和八旬大寿。乾隆年间是香山静宜园极盛时期。

万寿山与清漪园

　　清漪园是清乾隆帝结合兴修西湖蓄水工程而兴建的又一座大型皇家园林。乾隆十四年（1749 年）冬季，对西郊的河湖水系进行了大规模的整治。历时 15 年，使西湖成为一座兼具灌溉、蓄水、排洪多种功能的大型水利枢纽，同时也使瓮山、西湖形成山嵌水抱的形势，瓮山有如托出水面的岛山，为造园提供了良好的地貌基础。乾隆十六年（1751 年）适逢皇太后钮祜禄氏 60 大寿，乾隆帝为庆祝母后寿辰，于乾隆十五年（1750 年）选择明代圆静寺旧址，兴建大报恩延寿寺。同年，乾隆帝将瓮山称万寿山，山前湖泊称昆明湖。与此同时，又在万寿山南麓沿湖一带兴造了厅、堂、亭、榭、廊、桥等一系列建筑。乾隆十六年（1751 年），正式将万寿山行宫改名为清漪园。历时 15 年修建完成。在被英法联军破坏后，光绪十一年（1885 年），光绪帝在慈禧太后的授意下，以筹建海军名义筹集资金重建清漪园。光绪十四年（1888 年），清漪园更名为颐和园。此次修复工程，仅限于万寿山前山、前湖和谐趣园地区，基本上是仿照清漪园原貌进行的，个别地方有所改变。如将大报恩延寿寺改建成为慈禧祝寿的排云殿建筑群，乐寿堂改建成一层作为慈禧的寝宫，增加了德和园戏楼，昆明湖东、西、南三面砌了围墙，耕织图被划出园外。万寿山后山、后湖及昆明湖西湖依然是残垣断壁、荒台废基。

园中的主要建筑包括：长廊，又称千步廊，沿湖背山，东起邀月门，西止石丈亭，全长728米，共273间，是中国古典园林建筑中最长的廊子。长廊始建于乾隆十五年（1750年），咸丰十年（1860年）被英法联军焚毁，光绪时重建。长廊的地基和廊身，随万寿山南麓地势的高低而起伏，随昆明湖岸的弯曲而转折，四

颐和园长廊

座八角亭恰是高低和变向的连接点。由于处理巧妙，利用左右借景转移人们的视线，使人们在长廊中行走游览时，地基虽有高低但不觉其不平，走向虽有迂回但不觉其曲折。长廊的梁枋上，分别绘有14000余幅苏式彩画，内容包括花卉翎毛、人物故事、山水风景等。人物故事多采自中国古典名著，如《西游记》《三国演义》《西厢记》《水浒传》《红楼梦》《封神演义》等。上层横梁上还绘有500多只象征长寿的仙鹤。

排云殿在万寿山前山中部建筑的中轴线上，是万寿山前山最宏伟的一组建筑群，是专为慈禧祝寿而建的。

佛香阁建在万寿山前山的山腰处，为一座八面三层四重檐攒尖顶塔形建筑，高41米，其下为高29米的包山而建的方形台基，高踞于全园的中心，是全山的最高建筑物。佛香阁各面均为三楹，每层都有廊，并有朱红廊柱21根，以8根大型铁梨木为擎天柱，结构繁复，气势宏伟，是一座艺术价值很高的古典建筑。登阁不仅可以饱览昆明湖的风光，而且周围数十里的景色也尽收眼底。

"三山五园"的劫难

咸丰十年（1860年）八月初七（9月21日），英法联军入侵北京。八月二十二日（10月6日）晚，英法联军至圆明园。当夜大宫门外朝房、海淀军机处及民房多处被焚烧。翌日，英法侵略军官兵开始在园内大肆抢掠，物品携不走者击而毁之。是日，园中九州清晏各殿、长春仙馆、上下天光、山高水长、同乐园、大东门皆被焚烧。英法联军洗劫圆明园后，又集结200余人，自海淀镇一路烧、杀、抢、掠，洗劫了畅春园和清漪园，清漪园员外郎泰清全家自焚殉难。八月二十四日（10月8日），英法联军500余人，又洗劫了玉泉山静明园。八月二十六日（10月10日），洗劫了香山静宜园。咸丰十年九月初五（1860年10月18日），英军中将米歇尔下令火烧圆明园，在园内各处纵火，第二天格兰特又派马队焚烧畅春园、清漪园、静明园、静宜园。大火连成一片，浓烟蔽日，延续了3天3夜，5座皇家园林无一幸免。英法联军在北京城郊抢劫、焚烧、骚扰近50天，"三山五园"惨遭劫难，仅有据可查的损失陈设之物就有124568件。1860年11月1日和11月9日，法国和英国侵略军先后撤出北京。撤退时仅法军装载抢掠的珍宝就装满了300多辆大车。

■ 历代帝王庙与孔庙的重修与重视

历代帝王庙

北京地区流行一则关于历代帝王庙的顺口溜："有桥没有水，有碑没有驮。有钟没有鼓，有庙没有佛"。历代帝王庙俗称帝王庙，位于北京西城区阜成门内大街路北。占地18000平方米，是我国现存唯一的祭祀中华三皇五帝、历代帝王和文臣武将的皇家庙宇，是我国统一的多民族国家发展进程一脉相承、连绵不断的历史见证。历代帝王庙始建于明代嘉靖九年（1530年），最初明朝开国皇帝朱元璋确定祭祀的帝王是18位，清朝顺治皇帝定都北京后定为25位。康、雍、乾三代皇帝对历代帝王庙都非常重视，康熙曾经留下谕旨："朕意以为，凡曾在位，除无道被弑、亡国之主外，应尽入庙崇祀"。[1]乾隆皇帝更是提出了"中华统绪，绝不

---

[1]《清圣祖仁实录》，卷292。

历代帝王庙

断线"的观点，即中华的治统序列就像一条没有中断的线，传承有序、一以贯之。乾隆所说的中华统绪，就是指中华帝系。他认为，在中华帝王谱系中，应该包括正统王朝和"偏安之国"的两种帝王；而在"偏安之国"中，也绝非只有辽金帝王。乾隆帝举例说，从汉昭烈帝刘备（乾隆以刘备为东汉正统，曹操属摒弃之列）到唐高祖李渊统一中国，时间相隔300余年，其间常有英明强悍的帝王和节省勤俭的君主出现。比如北魏政权雄踞黄河以北，地广势强。道武帝、太武帝经常思考为政的道理，尊儒重佛，兴学重教，养育人才，大修水利，怎能把他们放在一边不管不问？再如五代的50余年间，后周的世宗柴荣就是一位贤能的君主，这样的人不酌量入祀怎能让千秋公论服气？此外，乾隆还仿效康熙帝做法，认为东汉的桓、灵二帝对汉献帝的亡国负有重责应撤出罢祀。唐宪宗的被害和金哀宗的亡国并不是他们由于无道失德造成的，应予正名，准予入祀。把庙中没有涉及的朝代，也选出皇帝入祀。乾隆几经调整，最后才将祭祀的帝王确定为188位。主殿是景德崇圣殿，位居正中一龛的是伏羲、黄帝、炎帝的牌位，左右分列的六龛中，供奉了五帝和夏商两周、强汉盛唐、五代十国、金宋元明等历朝历代的185位帝王牌位。景德崇圣殿东西两侧的配殿中，还祭祀着伯夷、姜尚、萧何、诸葛亮、房玄龄、范仲淹、岳飞、文天祥等79位历代贤相名将的牌位。其中，关羽单独建庙，成为奇特的庙中庙。乾隆皇帝亲祭历代帝王庙，书有《重修历代帝王庙碑》及《长律述事诗》，集中阐释他的"法戒论"。主要内容是：在历代帝王治国理政的传统中，值得效法和引以为戒的经历都有，历史是一面镜子；在历代帝王安邦治国的做法中，本身就包含着效法前人的功德与力戒前人的教训，效法与戒鉴密不可分；三皇五帝的崇高功德是历代君王效法的楷模，夏商周之间的相互借鉴，是最经典的事例；历经百世之后，比较历朝帝王，到头来都是一个亡国的结局，这就像房屋变成废墟一样可怕。祭祀历代帝王，本意就是在无形之中得到告诫和警惕，或是学习圣主明君的成功之法。乾隆帝把"法戒论"作为历代帝王庙的祭祀要义。

北京的孔庙

孔庙位于北京东城区国子监街，为中国元、明、清三朝祭祀孔子的场所。始建于元大德六年（1302年），占地约23800平方米，古建筑面积约有7400平方米，中轴线上依序为先师门、大成门、大成殿、崇圣门、崇圣祠五座建筑。现在能看到的祭祀物品与礼仪主要是清代的，清以少数民族入主中原，在武力统一全国后，宣示正统，极力推进文化的融合。孔子是儒家教义的创立者，在文化融合中，成为正统文化的象征。有清一代极力推崇孔子，自

孔庙大成殿

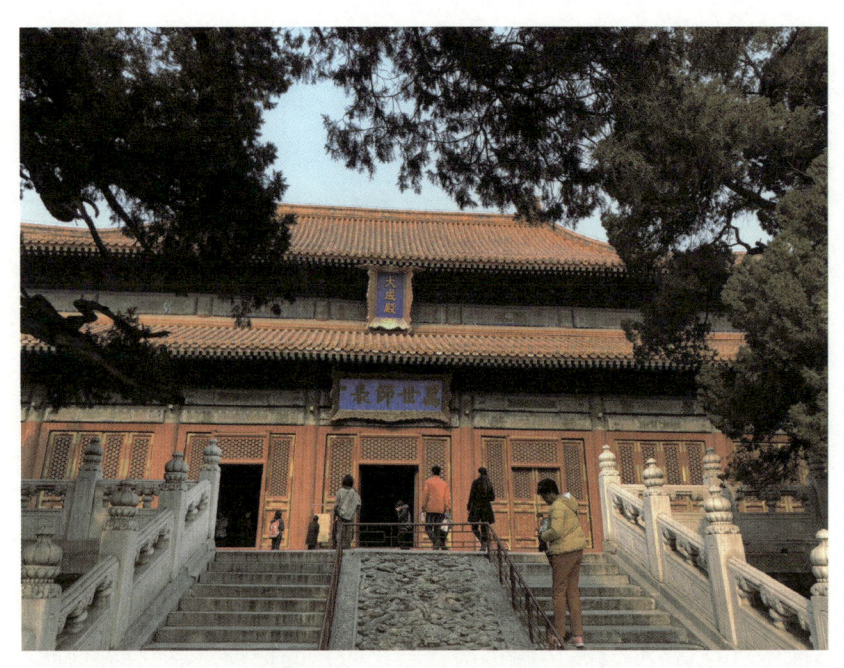

康熙帝始，历代皇帝即位，必亲临国子监"辟雍"讲学一次，称为"临雍"。北京孔庙的大成殿内悬挂着清代九位皇帝御笔书额的匾额，内容多系颂扬孔子之词，依次为康熙帝御书"万世师表"、雍正帝御书"生民未有"、乾隆帝御书"与天地参"、嘉庆帝御书"圣集大成"、道光帝御书"圣协时中"、咸丰帝御书"德齐帱载"、同治帝御书"圣神天纵"、光绪帝御书"斯文在兹"和宣统帝御书"中和位育"。清代把祭孔仪制提升到大祀，将孔子的地位推向历史的最高峰。

■ 清代京师的文化发展

清代集中了大量学者修书，清康熙时期完成的《古今图书集成》，是清代官修大型类书；乾隆时期完成的《四库全书》，则是清代官修规模最大的丛书。《明会典》《清会典》《续通典》《清通典》《续通志》《清通志》《续文献通考》《清文献通考》《清续文献通考》等都是完成于明清时期规模巨大的政书。史志编纂亦有很多成果，二十四史中的《明史》即完成于清代。在地方志编撰中，国志有嘉庆时期修成的《大清一统志》；《顺天府志》有康熙、光绪二部；县志有大兴、宛平、良乡、通州、房山、潮县、昌平、顺义、怀柔、密云、平谷、延庆、永宁等几十部。乾隆年间，曹雪芹"批阅十载，增删五次"，完成了旷世巨制《红楼梦》。《红楼梦》问世以后，研究它的著作汗牛充栋，形成了专门学问——"红学"。这在中外文学史上也是罕见的文学现象。乾嘉时期，大兴人李汝珍所作的《镜花缘》，则是清代著名的长篇小说。

■ 清代对城市河道——永定河的治理

永定河是北京的"母亲河"，但也时常危及城市的安全，有"无定河"之称。清康熙时，对永定河进行了疏浚，并筑长堤，堤岸修成后，康熙还亲自临河视察，并赐名"永定河"。乾隆时期，再次对永定河进行全面治理。这次治理在永定河中游建造分水闸坝，以分减洪水暴发时对永定河堤防的冲击。疏挖下口淤沙，减少三角淀的淤积，解决下游因泥沙淤积引起永定河的摆动冲决等问题。清廷还接受大学士高斌之建议，在上游石匣里山峡和官厅山峡修筑拦洪坝，取名"玲珑"。这道拦洪坝位于官厅水库附近，长约47米，宽约57米。虽然几年之后即被洪水所毁，但这个建议却为后世防患永定河泛滥、治理永定河提供了参考。永定河堤防的管理，在康熙时期，设南岸分司与北岸分司，各分汛段管理堤岸工程。雍正四年（1726年），将永定河分司改为永定河道，专门管理永定河事，最高管理官员由直隶总督兼任。永定河道下设南岸厅、北岸厅、石景山厅、三角淀厅四个分厅，分汛段各自管理。另置河兵，负责河防；置千总或把总管理河兵；后又置南岸守备和北岸协备，分管南北两岸的河兵。河兵每天定时巡守，看护堤防。乾隆时期，还特别制定了永定河管理章程，明确了人员责任和责任地段，使管理趋于规范化。同时，还大力提倡在永定河堤上种植柳树，用以巩固堤防。

清代增建喇嘛教建筑

清代对北海宫苑进行总体规划，将园林景观推向高峰。清代定都北京后，仍以西苑为皇家御园，其名称一律依旧，清代对北海的宫苑建设以白塔的修建为代表，顺治八年（1651年）顺治皇帝应喇嘛恼木汗之请，在明代广寒殿的遗址上修建藏式喇嘛佛塔，佛塔因其外色俗称白塔。其后因地震毁坏之故，清廷屡次进行修葺。乾隆六年（1741年），白塔寺更名为永安寺，其匾额以满、汉、蒙三种文字书写，并大造佛像，从乾隆十七年（1752年）开始，皇帝每年农历十二月到此祈福，使之成为皇家举行佛事活动的重要场所。

■ 清代后期，北京城风貌的变化

英法联军入侵北京后，逼迫清廷订立《北京条约》，外国使节可以进驻北京并建使馆。咸丰十一年（1861年），北京的东交民巷出现了英、法两国使馆。其后俄、美、日、德、比、意、西、荷等国先后在东交民巷建立使馆，这个地区开始兴建西方式的建筑，打破了北京清一色中式平房建筑的传统。光绪二十七年（1901年），根据《辛丑条约》东交民巷进一步被划为使馆区，这里集中了各国所建使馆，西方式的建筑物大量增加，完全改变了原有面貌。同时，各国还在东交民巷一带建造了许多商业建筑物，如银行、洋行（百货公司）、饭店、邮局、医院等，到清末已达近百处。这些商业建筑物也都是西式建筑或西式楼房。北京城市的建筑景观开始有了新的变化。

参考文献

1. 《北京市西城区地名志》编辑委员会：《北京市西城区地名志·政治聚落地名篇》，北京出版社1992年版。
2. 北京市地方总编纂委员会：《北京志·综合卷·总述·大事记·历史概要》，北京出版社2013年版。

后记

《古都北京》从历史角度讲述了北京为什么能成为五个王朝的首选都城。这是由北京优越的地理环境、独特的山川地貌以及浓郁的人文环境所决定的。北京处于中原农耕文化与草原文化交汇处，境内各民族杂居，历史上就是重要的政治、军事、经济重镇。从辽在此建立五都之一的"南京"开始，经历了金中都、元大都再到明清的都城，北京成为了辽、金、元、明、清的五朝古都。

作为都城建设的北京集中体现了中国传统文化的精华，又融入了各民族优秀文化的精髓，应该说是中国传统文化的集大成者。作为首都，北京是全国的政治中心，从元代开始整个城市是按照《周礼·考工记》"匠人营国"的原则修建。"天人合一""象天设都"的思想体现在整个城市的建设过程中，既突出了古代皇权至上，又体现了中正仁和的治国理念。紫禁城、各个祭坛、十三陵等著名建筑都是这一理念的最好诠释。

北京具有得天独厚的地理环境，交通便利，使它成为全国的文化、经济中心。建都以来，随着南北融合、中西交流的不断加强，各种优秀文化融入北京的建设中，使这座古城成为了中国传统文化"活的博物馆"。相信每一位读者在认真阅读此书后，对北京的历史及其厚重的文化底蕴都可以有更深的了解。

本书共有五个单元，我们请五位研究北京历史文化的专家学者撰写了文稿。他们的写作情况是：

高大伟：中华文化融合象征的北京；

李建平：北京故宫；

郭　豹：北京的城墙城门；

胡汉生：北京明十三陵之首——长陵；

谭烈飞：五都北京。

甫玉龙
2018 年 12 月